Kleine Nasch- & Dessert-Törtchen

Luise Lilienthal

Fotos von
Andreas Ketterer und Evelyn Layher

Augenschmaus und Genusserlebnis

Für mich macht so ein köstliches Minitörtchen einen gemütlichen Lese- oder Filmnachmittag einfach perfekt.

Ein großartiges Essen mit Freunden oder in der Familie findet seinen sinnlichen Abschluss, seinen krönenden Ausklang im Dessert. Der Anblick von kleinen Köstlichkeiten auf dem Teller lässt die Glückshormone noch einmal tanzen und ein Gefühl von wohliger Seligkeit aufkommen.

Die keinen Törtchen, im Dessertring zubereitet und mit Liebe und Kreativität verziert, können Sie aber nicht nur als süßen Höhepunkt eines wunderbaren Menüs servieren, sondern auch zum Kaffeeklatsch naschen oder auf einem Buffet präsentieren.

Was wie von Konditorhand aussieht, können auch Sie kreieren. Die Zutaten bekommen Sie in jedem Supermarkt, die Gerätschaften im Haushaltswarengeschäft. Viel mehr als Dessertringe, ein Kühlschrank und ein paar Tricks und Kniffe sind nicht nötig, um zauberhafte Minitörtchen zu machen. Lassen Sie sich inspirieren und scheuen Sie sich nicht, Ihrer Phantasie freien Lauf zu lassen.

Viel Spaß und Freunde wünscht Ihnen dabei

Luise Lilienthal

Inhalt

Die Rezepte

Die wichtigsten Küchengeräte

Kleine Törtchen lassen sich in den meisten Fällen schnell und unkompliziert zubereiten. Sie benötigen keine besonderen Küchengeräte, in den meisten Fällen noch nicht einmal einen Backofen. Dennoch gibt es einige kleine Helferlein, die Ihnen das Leben sehr viel leichter machen.

Mit der richtigen Ausstattung und etwas Übung werden die Minitörtchen nicht nur lecker, sondern auch immer hübscher.

Zur Grundausstattung jeder Törtchenbäckerei gehören eine digitale Küchenwaage und ein Messbecher. Zum Schlagen der Sahne benötigen Sie ein Handrührgerät, zum Glattrühren von Milchprodukten wie Mascarpone oder Quark wird Ihnen ein Schneebesen gute Dienste erweisen. Eine Rührschüssel und ein Teigschaber mit weicher Gummierung gehören auch zur guten Backausrüstung.

Beinahe alle Törtchen müssen eine gewisse Zeit kühl gestellt werden. Verwenden Sie als Unterlage eine plane Platte, damit Ihnen die noch nicht gelierte oder ausgehärtete Masse nicht seitlich unter dem Dessertring auslaufen kann.

Bei einigen Törtchen verwende ich einen Biskuitboden. Um den Teig zu backen, nutze ich eine kleine Springform mit einem Durchmesser von 20 Zentimetern. Bei einer großen Springform würde einiges an Biskuit übrig bleiben, was wirklich schade um die Zutaten wäre.

Dessertring und Stempel

Unerlässlich sind Dessertringe mit Stempel. Für die im Buch beschriebenen Rezepte verwende ich in den meisten Fällen Dessertringe mit einem Durchmesser von 6 Zentimetern. Manche Türmchen sehen viel hübscher in einer schlanken, höheren Form aus, deshalb kommen hier die 5-cm-Ringe zum Einsatz. Das Tiramisu-Törtchen hingegen lässt sich mit sieben Zentimetern optimal zubereiten.

Für den Anfang sollten Sie sich vier Dessertringe mit 6 cm Durchmesser kaufen, damit gelingen Ihnen alle hier aufgeführten Törtchen. Wenn Sie Ihre Leidenschaft für Minitörtchen entdeckt haben, können Sie ja Ihre Dessertring-Sammlung beliebig erweitern.

Das zweite wichtige Accessoire ist der Dessert-Stempel. Der kleine Stempel hilft Ihnen dabei, die Törtchen mit einer oberen Biskuitschicht unfallfrei vom Ring zu lösen. Vorsichtshalber sollten Sie jedoch das Törtchen mit einem Messer vom Ring lösen. Achten Sie darauf, dass das Messer eine schmale Klinge hat. Vorher mit heißem Wasser angewärmt, umfahren Sie mit dem warmen Messer die Innenseite des Rings, bevor Sie den Stempel leicht auf den Biskuit drücken und den Ring anheben.

Bei allen anderen Törtchen, besonders bei denjenigen mit einer weichen Oberfläche, umfahren Sie die Innenseite des Rings mit einem vorher angewärmten Messer und rütteln Sie vorsichtig, während Sie den Ring nach oben ziehen. Mit dem Stempel können Sie gegebenenfalls unterstützend drücken, es besteht aber immer die Gefahr, dass sich die Creme am Stempel festsaugt.

Eine andere gute Methode ist es, die Törtchen mit weicher Oberfläche mit dem Stempel von unten nach oben aus dem Ring zu schieben. Achten Sie aber darauf, dass Ihnen das Törtchen, sobald es oben angelangt ist, nicht vom Stempel rutscht.

Beide Techniken für Minis mit weicher Oberfläche funktionieren sehr gut. Probieren Sie aus, mit welcher Sie am besten zurechtkommen.

Mit dem Stempel drücken Sie das Törtchen von oben nach unten aus dem Ring, wenn es eine obere Teigschicht gibt. Ansonsten drücken Sie von unten nach oben. Oder Sie probieren die Messermethode (siehe links).

Leichter Biskuitboden – das ist wichtig

Biskuit ist eine kleine Diva und gelingt nur, wenn Sie die Punkte rechts berücksichtigen.

Biskuit ist besonders luftig und locker. Er lässt sich nach dem Backen gut ausstechen und eignet sich deshalb hervorragend für Minitörtchen.

- Alle Zutaten sollen Zimmertemperatur besitzen. Holen Sie die Eier deshalb frühzeitig aus dem Kühlschrank.
- Sieben Sie Mehl und Speisestärke, bevor Sie die Mischung vorsichtig mit einem Kochlöffel oder einem Teigschaber unterheben.
- So überprüfen Sie, ob der Kuchen fertig ist: Fühlt sich der Biskuit auf leichten Fingerdruck elastisch an, ist er fertig.
- Lösen Sie den Biskuitboden aus der Springform und ziehen Sie ihn auf ein Kuchengitter. So vermeiden Sie, dass der Kuchen Wasser zieht.
- Stechen Sie die Kreise aus dem warmen Biskuit aus und lassen Sie sie erkalten, bevor Sie die Kreise halbieren.
- Die kleinen Biskuitkreise eignen sich hervorragend zum Einfrieren. So müssen Sie nicht für jedes Törtchen extra backen, sondern können das Fundament auf Vorrat halten.

Vielseitiger Keksboden

Der Bröselboden ist wunderbar – testen Sie aus, welche Kekse, Cerealien und Co. Ihnen am besten schmecken.

Sehr viel schneller und unkomplizierter lässt sich ein Boden aus Brösel zubereiteten. Sie können als Basis Kekse, Löffelbiskuit, Zwieback, Puffreis, Crunchies, Oreo und vieles mehr verwenden.

- Die Brösel lassen sich sehr leicht herstellen, indem Sie die Kekse in einen Gefrierbeutel geben und mit den Händen, einem Nudelholz, einem Gummihammer oder einem Brett zerkleinern.
- Damit die Brösel einen stabilen Boden bilden, wird Butter beigesteuert. Die Butter wird dazu in einem kleinen Topf geschmolzen und mit den Bröseln vermischt. Sie können zusätzlich geraspelte Schokolade oder Kokosflocken dazu geben und die Brösel so nach Ihrem eigenen Geschmack verfeinern.
- Als nächstes werden die noch warmen Brösel auf die Dessertringe verteilt und mit einem Dessert-Stempel gut festgedrückt. Fertig ist der Bröselboden.

Keine Angst vor Gelatine

In den Rezepten dieses Buches wird zumeist Gelatine-Fix von Dr. Oetker verwendet, ein Beutel enthält 15 g und ist für eine Flüssigkeitsmenge von 250 ml ausgelegt. Gelatine-Fix ist sehr einfach zu handhaben. Eine Quellphase ist nicht notwendig, ob warme oder kalte Flüssigkeit spielt auch keine Rolle. Ein Beutel entspricht 2–3 Blatt Gelatine.

Außer Gelatine-Fix gibt es noch die klassische Blattgelatine und die gemahlene Gelatine. Ein Beutel gemahlene Gelatine entspricht 6 Blatt Gelatine. Bei gemahlener und Blattgelatine müssen Sie die Zubereitungsschritte sehr genau beachten. Sie unterscheiden sich, je nachdem, ob Sie kalte, warme oder heiße Speisen zubereiten. Wie Sie im jeweiligen Fall konkret vorgehen müssen, können Sie der Packungsangabe entnehmen.

Gelatine besteht aus tierischem Eiweiß. Wer darauf verzichten möchte, kann zum Beispiel Agar-Agar verwenden, ein rein pflanzliches Produkt. Ein halber Teelöffel Agar-Agar entspricht ungefähr 4 Blatt Gelatine.

Es gibt die schnelle Gelatine ohne Quellphase auch von anderen Anbietern, zum Beispiel von Ruf. Achten Sie immer darauf, welche Menge in den Beuteln ist und welche Mengenverhältnisse der Hersteller aufführt.

Bröselboden herzustellen ist ganz einfach: Zerkleinern Sie die Kekse, geben Sie geschmolzene Butter dazu und drücken Sie die Masse fest in den Ring.

Luftige Biskuittörtchen

Das verführerische Rot der Maraschinokirschen regt die Sinne an.

Maraschino-Törtchen

Biskuitboden

- » 2 Eier, Größe M, zimmerwarm
- » 75 g Zucker
- » 1 TL Vanillezucker
- » 1 Messerspitze Zitronenabrieb
- » 60 g Mehl
- » 15 g Speisestärke
- » 1 EL Maraschino, zum Beträufeln

Füllung

- » ½ Päckchen Vanille-Puddingpulver
- » 180 ml Milch
- » 50 g Butter, zimmerwarm
- » ½ EL Puderzucker
- » 3 EL Aprikosenmarmelade
- » 2 EL Haselnuss-Krokant

Dekoration

- » 4 Maraschinokirschen

- » Springform 20 cm Ø
- » 4 Dessertringe 6 cm Ø
- » Spritzbeutel mit Sterntülle

1 Für den Biskuitteig die Eier mit Zucker, Vanillezucker und Zitronenabrieb schaumig schlagen. Den Ofen vorheizen.

2 Das Mehl mit der Speisestärke vermischen und unter die Eiermasse heben.

3 Den Teig in eine kleine Springform füllen und bei 175 °C Ober- und Unterhitze (Umluft 155 °C) auf der mittleren Schiene ca. 40 Minuten backen. Nach dem Backen den Kuchen aus der Springform lösen, mit dem Dessertring 4 Kreise ausstechen und auf einem Kuchengitter auskühlen lassen.

4 Für die Füllung den Pudding nach Anleitung, jedoch nur mit 180 ml Milch zubereiten, mit Klarsichtfolie bedecken und abkühlen lassen. Mit dem Schneebesen den Pudding glatt rühren. Butter (siehe Tipp) und Puderzucker hinzugeben und verrühren. Die Creme erkalten lassen.

5 Die Biskuitkreise waagerecht halbieren. Den unteren Boden mit Maraschino beträufeln und mit Aprikosenmarmelade bestreichen. Den Ring wieder auf den Boden setzen. Etwa 30 g Creme in jeden Dessertring geben und den oberen Deckel aufsetzen. Das Törtchen mit einem scharfen, in heißes Wasser getauchten Messer vom Rand lösen und mit dem Dessertstempel aus dem Ring lösen.

6 Etwas Creme auf den oberen Deckeln verteilen und mit Krokant bestreuen. Die restliche Creme in einen Spritzbeutel mit Sterntülle füllen und jeweils ein kleines Krönchen auf die Törtchen spritzen, darauf die Maraschinokirsche setzen.

♥ *Für die Creme müssen Pudding und Butter unbedingt die gleiche Temperatur (zimmerwarm) haben.*

Schwierigkeit: mittel
Zubereitung: 45 Minuten
Backzeit: 30 Minuten
Kühlzeit: 2 Stunden

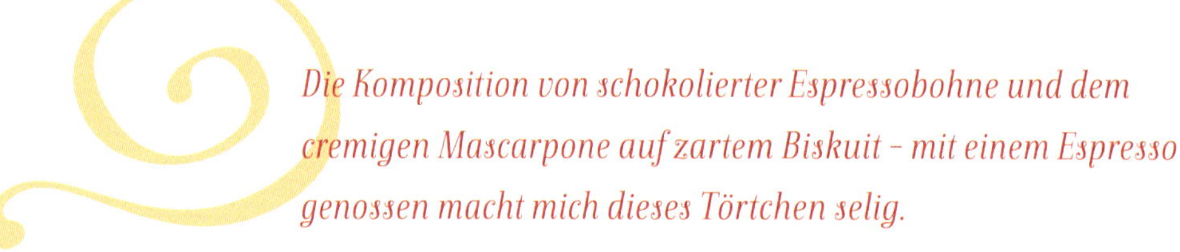

Die Komposition von schokolierter Espressobohne und dem cremigen Mascarpone auf zartem Biskuit – mit einem Espresso genossen macht mich dieses Törtchen selig.

Mascarpone-Espresso-Traum

Biskuitboden

- *2 Eier, Größe M, zimmerwarm*
- *75 g Zucker*
- *1 TL Vanillezucker*
- *1 Messerspitze Zitronenabrieb*
- *60 g Mehl*
- *15 g Speisestärke*
- *2 TL Kakaopulver*

Füllung

- *125 g Sahne*
- *40 g Puderzucker*
- *150 g Mascarpone*
- *100 ml kalter Espresso*
- *1 Messerspitze Kardamom*
- *1 Beutel (15 g) Gelatine-Fix (Dr. Oetker)*

Dekoration

- *4 Schoko-Espressobohnen*

- *Springform 20 cm Ø*
- *4 Dessertringe 6 cm Ø*

1 Für den Biskuitteig den Backofen auf 175 °C Ober- und Unterhitze (Umluft 155 °C) vorheizen. Die Eier mit Zucker, Vanillezucker und Zitronenabrieb schaumig schlagen.

2 Das Mehl mit Speisestärke und Kakao vermischen, sieben und unter die Eiermasse heben.

3 Den Teig in eine kleine Springform geben und bei 175 °C auf mittlerer Schiene ca. 40 Minuten backen. Mit einem Dessertring 4 Kreise aus dem Biskuit ausstechen.

4 Die Sahne mit Puderzucker steif schlagen. Mascarpone und Espresso mit einem Schneebesen glatt rühren. Kardamom hinzugeben und Gelatine-Fix unter Rühren einrieseln lassen. Die Mascarponemasse unter die Sahne heben.

5 Die erkalteten Biskuitkreise waagerecht halbieren. Den Ring wieder aufsetzen und ca. 30 g Mascarponecreme auf jeden Boden geben. Den Deckel aufsetzen und das Törtchen mit dem Stempel aus dem Dessertring lösen.

6 Die restliche Mascarponecreme auf den Törtchen verteilen und mit einer schokolierten Espressobohne verzieren.

♥ *Sie können die Biskuitkreise auch auf Vorrat backen und einfrieren.*

Schwierigkeit: mittel
Zubereitung: 60 Minuten
Backzeit: 40 Minuten

Der italienische Klassiker – diesmal nicht gefrostet als Eis, sondern als himmlisches Törtchen.

Stracciatella

Biskuitboden

- » 2 Eier, Größe M, zimmerwarm
- » 75 g Zucker
- » 1 TL Vanillezucker
- » 60 g Mehl
- » 15 g Speisestärke
- » 2 TL Kakaopulver

Füllung

- » 100 g Sahne
- » 20 g Zucker
- » 1 Beutel (15 g) Gelatine-Fix (Dr. Oetker)
- » 100 g Magerquark
- » 2 EL Schokolade, fein geraspelt
- » 4 TL Espresso

- » Springform 20 cm Ø
- » 4 Dessertringe 6 cm Ø

Schwierigkeit: mittel
Zubereitung: 50 Minuten
Backzeit: 40 Minuten
Kühlzeit: 2 Stunden

1 Den Backofen auf 175 °C Ober- und Unterhitze (Umluft 155 °C) vorheizen. Die Eier mit Zucker und Vanillezucker schaumig rühren. Mehl, Speisestärke und Kakao vermischen und unter die Eiermasse sieben.

2 Den Teig in eine kleine Springform geben und 40 Minuten auf der mittleren Schiene bei 175 °C backen. Mit einem Dessertring 4 Kreise ausstechen und auf dem Kuchengitter abkühlen lassen.

3 Die Sahne steif schlagen und den Zucker hinzugeben. Gelatine-Fix während des Aufschlagens einrieseln lassen. Den Quark vorsichtig unter die Sahne heben. 1 ½ EL Schokoladenraspel einrühren, ein wenig für die Deko zurückbehalten.

4 Den Biskuit waagerecht halbieren, den Deckel abheben und beiseite legen. Den Dessertring auf den Boden setzen und den Biskuit mit Espresso beträufeln.

5 Die Stracciatellacreme bis ca. 1 cm unter den Rand einfüllen. Den Deckel aufsetzen. Am Innenrand des Ringes mit einem langen, in heißes Wasser getauchten Messer entlangfahren, mit dem Stempel das Törtchen vorsichtig aus dem Ring drücken.

6 Die Törtchen mit der restlichen Stracciatellacreme ummanteln und 2 Stunden im Kühlschrank abkühlen und fest werden lassen. Vor dem Servieren die verbliebenen Schokorapseln aufstreuen.

♥ *Sie können auch den Rand mit Streusel dekorieren. Halten Sie das Törtchen dazu leicht schief und bewerfen Sie den Rand mit Schokostreusel.*

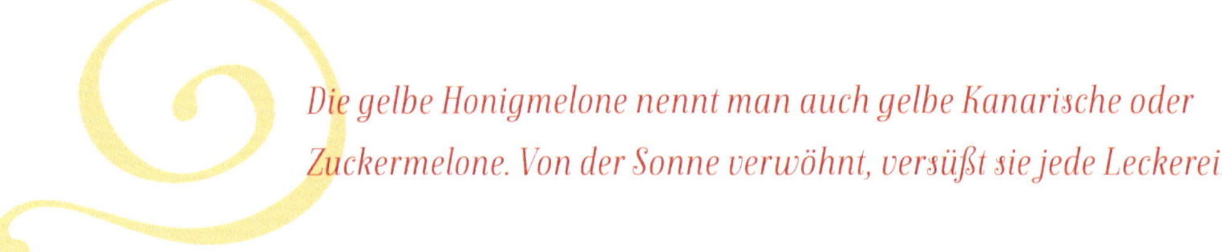

Die gelbe Honigmelone nennt man auch gelbe Kanarische oder Zuckermelone. Von der Sonne verwöhnt, versüßt sie jede Leckerei.

Melonentörtchen

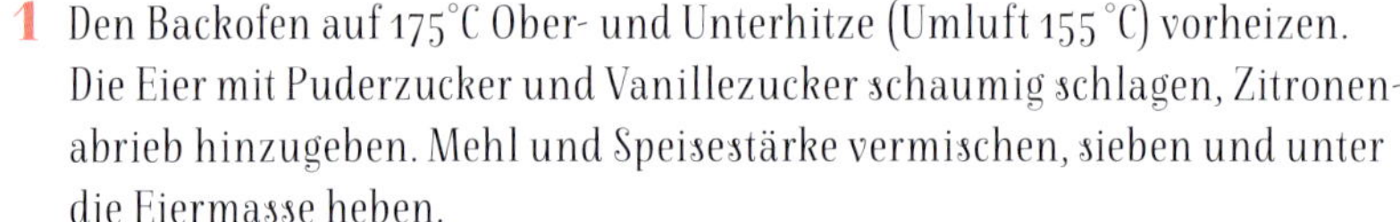

Biskuitboden

- *2 Eier, Größe M, zimmerwarm*
- *75 g Zucker*
- *1 TL Vanillezucker*
- *1 TL Zitronenabrieb*
- *60 g Mehl*
- *15 g Speisestärke*

Füllung

- *100 g Sahne*
- *2 EL Puderzucker*
- *100 g Magerquark*
- *1 Beutel (15 g) Gelatine-Fix*
- *120 g Honigmelonenfruchtfleisch*
- *2 EL Pistazien, gehackt*

- *Springform 20 cm Ø*
- *4 Dessertringe 6 cm Ø*

1 Den Backofen auf 175 °C Ober- und Unterhitze (Umluft 155 °C) vorheizen. Die Eier mit Puderzucker und Vanillezucker schaumig schlagen, Zitronenabrieb hinzugeben. Mehl und Speisestärke vermischen, sieben und unter die Eiermasse heben.

2 Den Teig in eine kleine Springform geben und 40 Minuten auf der mittleren Schiene bei 175 °C backen. Mit einem Dessertring vier Kreise ausstechen und auf einem Kuchengitter abkühlen lassen.

3 Die Sahne mit Puderzucker und ½ Beutel Gelatine-Fix steif schlagen. Die Melone pürieren. Den Quark zusammen mit 3 EL Melonenmus unter die Sahne heben.

4 Die Biskuitboden waagerecht halbieren. Den Ring aufsetzen und die Melonen-Sahne-Füllung ca. 2 cm hoch in den Ring geben.

5 ½ Beutel Gelatine-Fix unter die restliche Melone rühren. Wenn die Masse zu gelieren anfängt, ca. 20 g auf jedes Törtchen gießen und für ca. 3 Stunden in den Kühlschrank stellen.

6 Den Dessertring mit einem langen, in heißes Wasser getauchten Messer lösen und abheben. Die Törtchen mit den Pistazien bestreuen.

Schwierigkeit: mittel
Zubereitung: 40 Minuten
Backzeit: 40 Minuten
Kühlzeit: 3 Stunden

♥ *Es bleibt immer ein bisschen Biskuit übrig. Nehmen Sie den, um ein Trifle, eine englische Süßspeise, zu bereiten: Generell besteht ein Trifle aus Obst, Schlagsahne oder Creme und einem mit Alkohol getränkten Biskuit. Hier ein Beispiel: Biskuit mit Himbeermarmelade bestreichen, in ein Dessertglas geben und mit Sherry und Cognac beträufeln. Darauf kommen ein paar geröstete Mandelsplitter, frische Himbeeren und ein sahniger Vanillepudding. Lassen Sie das Ganze etwas ziehen, bevor Sie es dekorieren und servieren.*

Dieses aromatisch-zarte Käsetörtchen ist himmlisch!

Zarte Käsesahne

Biskuitboden

- » *2 Eier, Größe M, zimmerwarm*
- » *75 g Zucker*
- » *1 TL Vanillezucker*
- » *1 Messerspitze Orangenabrieb oder -schale*
- » *60 g Mehl*
- » *15 g Speisestärke*

Füllung

- » *140 g Sahne*
- » *2 EL Puderzucker*
- » *Schale oder Abrieb von ½ Zitrone*
- » *1 Beutel (15 g) Gelatine-Fix (Dr. Oetker)*
- » *140 g Magerquark*
- » *Puderzucker zum Bestäuben*

- » *Springform 20 cm Ø*
- » *4 Dessertringe 6 cm Ø*

1 Den Backofen vorheizen. Die Eier mit Zucker, Vanillezucker und Orangenabrieb schaumig schlagen. Das Mehl mit Speisestärke vermischen, sieben und unter die Eiermasse heben.

2 Den Teig in eine kleine Springform füllen und auf der mittleren Schiene bei 175 °C Ober- und Unterhitze (Umluft 155 °C) ca. 40 Minuten backen. Nach dem Backen aus der Springform lösen, mit dem Dessertring 4 Kreise ausstechen und auf einem Kuchengitter auskühlen lassen.

3 Für die Füllung die Sahne mit Puderzucker steif schlagen. Zitronenabrieb oder -schale dazugeben. Gelatine-Fix während des Aufschlagens einrieseln lassen. Den Quark vorsichtig unter die Sahne heben.

4 Den Biskuit waagerecht halbieren, die Deckel beiseitelegen. Den Ring auf den Boden setzen und die Käsesahne einfüllen. Den Deckel aufsetzen und die Törtchen für 3 Stunde in den Kühlschrank stellen.

5 Am Innenrand des Ringes mit einem langen, in heißes Wasser getauchten Messer entlangfahren. Mit dem Stempel das Törtchen vorsichtig aus dem Ring drücken. Vor dem Servieren mit Puderzucker bestäuben.

♥ *Zur Dekoration können Sie mit einem Sparschäler die Schale einer Bio-Zitrone abschälen und mit einer Zackenschere in Form bringen.*

Schwierigkeit: mittel
Zubereitung: 40 Minuten
Backzeit: 40 Minuten
Kühlzeit: 3 Stunden

Rosenwasser verströmt einen sinnlichen Duft, der uns von märchenhaft exotischen Orten träumen lässt.

Edles Rosentörtchen

Biskuitboden

- » *2 Eier, Größe M, zimmerwarm*
- » *75 g Zucker*
- » *1 TL Vanillezucker*
- » *1 Prise Salz*
- » *½ TL Zitronenabrieb*
- » *15 g Speisestärke*
- » *60 g Mehl*

Füllung

- » *½ Päckchen Vanille-Puddingpulver*
- » *180 ml Milch*
- » *50 g Butter, zimmerwarm*
- » *½ EL Puderzucker*
- » *4 Tropfen Rosenwasser*

Dekoration

- » *10 Rosenblütenblätter*
- » *1 Eiweiß*
- » *2 EL Zucker*

- » *Springform 20 cm Ø*
- » *4 Dessertringe 6 cm Ø*

1 Den Backofen auf 175 °C Ober- und Unterhitze (Umluft 155 °C) vorheizen. Die Eier mit Zucker, Vanillezucker, Salz und Zitronenabrieb in einem 40 °C warmen Wasserbad aufschlagen, bis die Masse leicht erwärmt ist. Anschließend die Eimasse vom Wasserbad nehmen und kalt weiterschlagen. Die Masse soll dickschaumig werden.

2 Das Mehl mit Speisestärke vermengen, sieben und vorsichtig unter die Eimasse heben. Den Teig in eine kleine Springform füllen und auf der mittleren Schiene bei 175 °C 40 bis 45 Minuten backen, 4 Kreise ausstechen und auf dem Kuchengitter abkühlen lassen.

3 In der Zwischenzeit den Pudding nach Anleitung, jedoch nur mit 180 ml Milch zubereiten. Mit Klarsichtfolie bedecken und abkühlen lassen.

4 Den auf Zimmertemperatur abgekühlten Pudding mit dem Schneebesen glatt rühren. Butter, Puderzucker und Rosenwasser hinzugeben und verrühren, die Creme erkalten lassen. Wichtig: alle Zutaten müssen Zimmertemperatur haben, damit die Buttercreme gut gelingt.

5 Die Biskuitkreise waagrecht halbieren. Den Deckel beiseitelegen. Den Ring wieder auf den Boden setzen. Jeweils etwa 30 g von der Füllung in den Dessertring geben und den oberen Deckel aufsetzen.

6 Das Törtchen mit dem Stempel aus dem Ring lösen, mit der restlichen Creme ummanteln und für 2 Stunden in den Kühlschrank stellen.

7 Die Rosenblätter mit einem Pinseln mit dem leicht aufgeschlagenen Eiweiß bestreichen und beide Seiten mit Zucker bestreuen. Die Blätter auf ein mit Backpapier belegtes Backblech legen und 1 Stunde bei 50 °C trocknen lassen. Vor dem Servieren die Törtchen mit den Rosenblättern verzieren.

Schwierigkeit: mittel
Zubereitung: 30 Minuten
Backzeit: 40 Minuten
Kühlzeit: 2 Stunden

♥ *Kandierte Rosenblätter können Sie auch im Fachhandel oder im Internet erwerben. Diese Blätter sind zwar lange haltbar, wurden jedoch mit Farbstoffen und Verdickungsmitteln produziert.*

Zarte Schlemmertörtchen auf Keksboden

Diese Törtchen sind der Hit für meinen Neffen – vielleicht liegt es an der nicht nur bei Kindern so geliebten Nuss-Nougat-Creme?!

Aprikosenküsschen

Boden

» 55 g Butterkekse
» 40 g Butter
» 2 EL Mandelblättchen

Füllung

» 200 g Mascarpone
» 1 EL Nutella
» 1 TL Kakaopulver
» 2 türkische Zuckeraprikosen
» 1 EL Pistazien, gehackt

» 4 Dessertringe 5 cm Ø
» Spritzbeutel mit Tülle

1 Die Butterkekse in einen Gefrierbeutel geben und mit den Händen oder einem Nudelholz zerkleinern. Die Butter in einem Topf schmelzen und mit den Keksbröseln vermischen. Die Mandelblättchen hinzugeben. Die Masse auf die Dessertringe verteilen und mit dem Stempel festdrücken.

2 Die Mascarpone mit Nutella und Kakaopulver glatt rühren. Die Creme in einen Spritzbeutel mit Lochtülle geben und ca. 2–3 cm hoch auf jeden Boden füllen. Die Aprikosen halbieren und mit der Schnittfläche nach unten in die Mitte setzen. Mit der Sterntülle Krönchen an den Innenrand des Rings spritzen.

3 Die Törtchen 1 Stunde in den Kühlschrank stellen, anschließend mit einem langen, in heißes Wasser getauchten Messer den Ring lösen und vorsichtig abheben. Vor dem Servieren mit gehackten Pistazien bestreuen.

♥ *Türkische Zuckeraprikosen sind kleiner als die üblichen Sorten und immer herrlich süß.*

Schwierigkeit: leicht
Zubereitung: 30 Minuten
Kühlzeit: 1 Stunde

Gut gekühlt, unter dem Sonnenschirm genossen, sind diese Minis eine köstlich Erfrischung.

Blaubeertörtchen

Boden

- » 55 g Löffelbiskuit
- » 40 g Butter

Füllung

- » 150 g Frischkäse
- » 100 g Joghurt
- » 1 EL Zitronensaft
- » 25 g Zucker
- » 1 Beutel (15 g) Gelatine-Fix (Dr. Oetker)
- » 100 g Blaubeeren

- » 4 Dessertringe 6 cm Ø

1 Die Löffelbiskuits in einen Gefrierbeutel geben und mit der Hand oder einem Nudelholz zerbröseln.

2 Die Butter in einem Topf schmelzen und mit den Bröseln vermengen. Die Masse auf die Dessertringe verteilen und mit dem Stempel gut festdrücken.

3 Den Frischkäse mit Joghurt und Zitronensaft mit dem Handrührgerät vermengen. Weiterschlagen und dabei Zucker und Gelatine-Fix einrieseln lassen. 80 g Blaubeeren mit einer Gabel zerquetschen und unter die Creme rühren.

4 Die Creme auf die Dessertringe verteilen und für 3 Stunden in den Kühlschrank stellen. Anschließend mit einem langen, in heißes Wasser getauchten Messer den Ring lösen und vorsichtig abheben. Die Törtchen vor dem Servieren mit den restlichen Blaubeeren verzieren.

♥ *Die Törtchen wirken besonders elegant, wenn Sie sie auf einer kleinen, weißen Tortenspitze servieren.*

Schwierigkeit: leicht
Zubereitung: 30 Minuten
Kühlzeit: 3 Stunden

Frische Erdbeeren sind ein untrügliches Zeichen, dass der Sommer vor der Tür steht. Lassen Sie sich die herrlich aromatischen Früchte nicht entgehen.

Sommerliches Erdbeerglück

Boden

- » 55 g Löffelbiskuit
- » 40 g Butter

Füllung

- » 350 g Erdbeeren
- » 150 g Frischkäse
- » 100 g Joghurt
- » 1 EL Zitronensaft
- » 25 g Zucker
- » 1 Beutel (15 g) Gelatine-Fix (Dr. Oetker)

Dekoration

- » 4 TL Schokostreusel

- » 4 Dessertringe 7 cm Ø

Schwierigkeit: mittel
Zubereitung: 40 Minuten
Kühlzeit: 3 Stunden

1 Die Löffelbiskuits in einen Gefrierbeutel geben und mit den Händen oder einem Nudelholz vollständig zerbröseln.

2 Die Butter in einem Topf schmelzen und mit den Bröseln vermengen. Die Masse auf die Dessertringe verteilen und mit einem Stempel gut festdrücken.

3 Die Erdbeeren waschen und von den Stielen befreien. 4 Erdbeeren zurückbehalten, 80 g der Erdbeeren pürieren, die restlichen Erdbeeren halbieren.

4 Den Frischkäse mit Joghurt und Zitronensaft mit dem Handrührgerät vermengen. Das Erdbeerpüree untermengen. Zucker und Gelatine-Fix unter Rühren einrieseln lassen.

5 Die halbierten Erdbeeren mit der Schnittfläche nach außen an den Rand des Dessertringes legen. Die Ringe mit der Frischkäsemasse auffüllen.

6 Die Törtchen 3 Stunden in den Kühlschrank stellen. Anschließend den Rand des Ringes mit einem langen, in heißes Wasser getauchten Messer umfahren und den Ring vorsichtig abheben.

7 Die Törtchen mit Schokostreusel bestreuen. Die restlichen Erdbeeren halbieren und die Törtchen vor dem Servieren damit dekorieren.

♥ *Wenn Sie es besonders erdbeerig möchten, können Sie zusätzlich noch klein geschnittene Erdbeeren unter die Creme mischen.*

Der italienische Klassiker sieht als kleines Törtchen besonders appetitlich aus – und schmeckt auch noch viel besser.

Himbeer-Pannacotta-Törtchen

Boden

- » 55 g Butterkekse
- » 3 TL Haselnuss-Krokant
- » 40 g Butter
- » 2 TL weiße Schokolade, geraspelt

Füllung

- » ½ Vanilleschote
- » 200 g Sahne
- » 10 g Zucker
- » 3 Blatt Gelatine

Dekoration

- » 6 Himbeeren

- » *6 Dessertringe 5 cm Ø*

1 Die Butterkekse in einen Gefrierbeutel geben und mit den Händen oder einem Nudelholz fein zerbröseln, den Krokant mit den Bröseln vermischen.

2 Die Butter in einem Topf schmelzen. Die Schokoladenraspel mit der zerlassenen Butter und den Bröseln vermischen und ca. 1 cm hoch auf die Dessertringe verteilen. Mit dem Stempel festdrücken.

3 Die Vanilleschote aufschlitzen und das Mark herauskratzen. Die Sahne mit Zucker und Vanillemark erhitzen und bei mittlerer Hitze 5 Minuten köcheln lassen, dann vom Herd nehmen und in eine Schüssel umfüllen.

4 Die Gelatine 5 Minuten in kaltem Wasser einweichen, ausdrücken und mit dem Schneebesen in die Sahne einrühren. Die Sahnemischung ca. 30 Minuten stehen lassen, bis sie zu gelieren beginnt.

5 Rund 30 g der Sahnecreme in jeden Dessertring füllen und im Kühlschrank 3 Stunden vollständig erkalten lassen.

6 Den Dessertring mit einem langen, in heißes Wasser getauchten Messer lösen und die Törtchen mit dem Stempel vorsichtig aus der Form drücken. Mit einer Himbeere verziert servieren.

♥ *Dazu harmoniert hervorragend ein Himbeerpüree: frische Himbeeren pürieren und je nach Geschmack noch etwas Zucker hinzugeben.*

Schwierigkeit: leicht
Zubereitung: 35 Minuten
Kühlzeit: 3,5 Stunden

Schwarzwälder Kirschtorte – dieser Klassiker der Festtagskuchen wird hier als Törtchen neu interpretiert.

Schwarzwälder Kekstörtchen

Boden

- 70 g Oreo-Kekse
- 40 g Butter

Füllung

- 4 TL Kirschwasser
- 4 TL Kirschmarmelade
- 200 g Sahne
- 1 Päckchen Sahnesteif
- 1 TL Puderzucker

Dekoration

- 4 EL Schokoraspel
- 4 Kirschen mit Stiel

- *4 Dessertringe 6 cm Ø*
- *Spritzbeutel mit Sterntülle*

1 Die Oreos teilen und die Creme abkratzen. Die Kekse in einen Gefrierbeutel geben und mit den Händen oder einem Nudelholz fein zerbröseln.

2 Die Butter in einem Topf schmelzen und mit den Bröseln vermengen. Die Masse auf die Dessertringe verteilen und mit einem Stempel gut festdrücken.

3 Jeden Boden mit 1 TL Kirschwasser beträufeln und die Kirschmarmelade auftragen.

4 Die Sahne mit Sahnesteif schlagen, Puderzucker einarbeiten. Die Sahne auf die Dessertringe verteilen, aber ca. 50 g zurückbehalten. Die Törtchen für 2 Stunden in den Kühlschrank stellen.

5 Den Ring mit einem langen, in heißes Wasser getauchten Messer lösen und vorsichtig abheben.

6 Die restliche Sahne in einen Spritzbeutel mit Sterntülle füllen und jeweils einen Tupfen auftragen. Mit Schokoraspeln und Kirsche dekorieren.

♥ *Anstelle des Keksbodens können Sie auch einen dunklen Biskuit verwenden.*

Schwierigkeit: leicht
Zubereitung: 30 Minuten
Kühlzeit: 2 Stunden

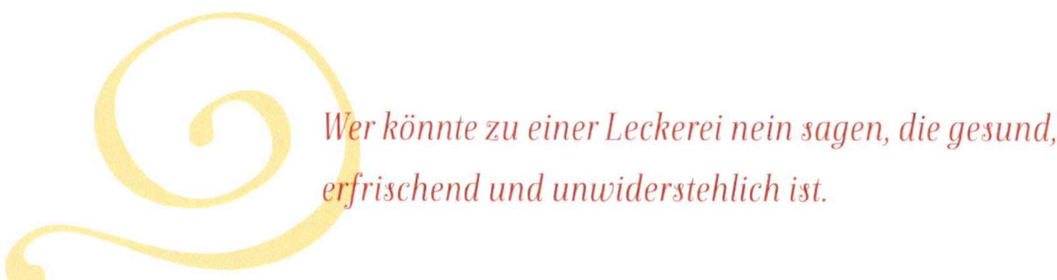

Wer könnte zu einer Leckerei nein sagen, die gesund, erfrischend und unwiderstehlich ist.

Rotes Beerentörtchen

Boden
- 55 g Löffelbiskuit
- 40 g Butter

Füllung
- 150 g Frischkäse
- 100 g Joghurt
- 1 EL Zitronensaft
- 1 Prise Salz
- 75 g Rote Grütze (Fertigprodukt)
- 1 Beutel (15 g) Gelatine-Fix (Dr. Oetker)
- 25 g Zucker

Dekoration
- Beeren

- 4 Dessertringe 6 cm Ø

1. Die Löffelbiskuits in einen Gefrierbeutel geben und mit der Hand oder einem Nudelholz zerkleinern.

2. Die Butter in einem Topf schmelzen und mit den Bröseln vermengen. Die Masse auf die Dessertringe verteilen und mit dem Stempel festdrücken.

3. Den Frischkäse mit Joghurt, Zitronensaft und Salz glatt rühren. 50 g rote Grütze hinzugeben und unterrühren. Gelatine und Zucker unter Rühren einrieseln lassen.

4. Die Masse auf die Formen verteilen und 3 Stunden kalt stellen. Den Ring mit einem langen, in heißes Wasser getauchten Messer lösen und vorsichtig abheben.

5. Die Törtchen vor dem Servieren mit etwas roter Grütze und frischen Beeren verzieren.

Schwierigkeit: leicht
Zubereitung: 30 Minuten
Kühlzeit: 3 Stunden

Der Grappa gehört zu einem guten italienischen Essen wie in Bayern die Brezel zur Weißwurst. Genießen Sie ihn zu dieser Leckerei.

Traubentörtchen mit Grappa

Boden

- 70 g Oreo-Kekse
- 40 g Butter
- 2 EL Krokant

Füllung

- 200 g Crème fraîche
- 1 EL Puderzucker
- 1 Beutel (15 g) Gelatine-Fix (Dr. Oetker)
- 4 EL Grappa oder Traubensaft
- 100 g blaue Trauben, kernlos
- 1 Päckchen klarer Tortenguss

- 4 Dessertringe 5 cm Ø

1 Die Oreos teilen und die Creme abkratzen. Die Kekse in einen Gefrierbeutel geben und mit der Hand oder einem Nudelholz zerkleinern.

2 Die Butter in einem Topf schmelzen und mit den Bröseln vermischen. Die Masse auf die Dessertringe verteilen, jeweils ½ Esslöffel Krokant darüberstreuen und mit dem Stempel festdrücken.

3 Die Crème fraîche mit Puderzucker und Gelatine-Fix verrühren, in die Dessertringe geben und 2 Stunden im Kühlschrank fest werden lassen.

4 Die Trauben waschen, halbieren, mit dem Grappa mischen und ca. ½ Stunde ziehen lassen. Den Grappa nach dem Marinieren wieder auffangen.

5 Die Traubenhälften mit der Schnittfläche nach unten auf die Creme legen.

6 Den Tortenguss nach Packungsanleitung zubereiten, dabei den Grappa als Teil der Flüssigkeit verwenden. Den Tortenguss über die Trauben geben, um sie so etwas zu fixieren, für 2 Stunden im Kühlschrank fest werden lassen.

7 Den Ring mit einem langen, in heißes Wasser getauchten Messer lösen und vorsichtig abheben.

Schwierigkeit: mittel
Zubereitung: 45 Minuten
Kühlzeit: 4 Stunden

Stellen Sie sich vor, die Sonne scheint, eine leichte Brise weht über den See und Sie sitzen mit Ihrem Melonentörtchen unter einem schattigen Baum. Träume können auch zuhause wahr werden.

Summertime

Boden

- 55 g Schokokekse
- 40 g Butter

Füllung

- 150 g Magerquark
- 50 ml Buttermilch
- 1 EL Limettensaft
- Abrieb 1 Limette
- 2 EL Puderzucker
- 1 Beutel (15 g) Gelatine-Fix (Dr. Oetker)
- 1 Päckchen roter Tortenguss
- Wassermelone

Dekoration

- frische Pfefferminze

- 4 Dessertringe 6 cm Ø

1 Die Kekse in einen Gefrierbeutel geben und mit den Händen oder einem Nudelholz zerkleinern. Die Butter in einem Topf schmelzen und mit den Bröseln vermengen.

2 Die Bröselmasse auf die Dessertringe verteilen und mit dem Stempel festdrücken.

3 Quark und Buttermilch zu einer glatten Creme verrühren. Limettensaft und -abrieb zusammen mit dem Puderzucker unterrühren. Zuletzt Gelatine-Fix unter Rühren einrieseln lassen. Die Creme auf die Dessertringe verteilen und die Törtchen für 3 Stunden in den Kühlschrank stellen.

4 Den Tortenguss nach Packungsanleitung zubereiten. Den leicht erkalteten Tortenguss nach 2 Stunden Kühlzeit in einer dünnen Schicht auf die Creme auftragen und die Törtchen für die restliche Stunde wieder in den Kühlschrank stellen.

5 Aus der Wassermelone ca. ½ cm dicke Scheiben schneiden, die Kerne vorsichtig mit einem Messerchen entfernen und vier Kreise à 6 cm Durchmesser ausstechen.

6 Das Törtchen mit einem langen, in heißes Wasser getauchten Messer aus dem Ring lösen und zum Servieren mit der Melonenscheibe belegen. Mit frischer Pfefferminze dekorieren.

Schwierigkeit: mittel
Zubereitung: 40 Minuten
Kühlzeit: 3 Stunden

... and the livin' is easy ...

Die aus Südostasien stammende Sternfrucht schmeckt nicht nur lecker, mit ihr kann man auch so wunderschöne Sterne zaubern.

Sternenmärchen

Boden

- 55 g Löffelbiskuit
- 40 g Butter
- 4 EL Vollmilchschokolade, geraspelt

Füllung

- 175 g Schokoladenfrischkäse, zum Beispiel Philadelphia Schoko
- 100 g Joghurt
- 1 Beutel (15 g) Gelatine-Fix (Dr. Oetker)

Dekoration

- 1 Sternfrucht (Karambole)

- 4 Dessertringe 6 cm Ø

1 Die Löffelbiskuits in einen Gefrierbeutel geben und mit der Hand oder einem Nudelholz vollständig zerkleinern.

2 Die Butter in einem Topf schmelzen und mit den Bröseln und den Schokoraspeln vermengen.

3 Die Bröselmasse auf die Dessertringe verteilen und mit dem Stempel festdrücken.

4 Den Schokoladenfrischkäse mit Joghurt glatt rühren. Die Gelatine unter Rühren einrieseln lassen. Die Masse auf die Dessertringe verteilen und für 3 Stunden in den Kühlschrank stellen.

5 Den Ring mit einem langen, in heißes Wasser getauchten Messer lösen und vorsichtig abheben.

6 Von der Sternfrucht quer 4 Scheiben abschneiden und vor dem Servieren jeweils eine Scheibe auf die Törtchen setzen.

♥ *Anstatt der Sternfrucht können Sie auch Physalis verwenden. Physalis sind in jedem Supermarkt zu bekommen und haben ebenfalls eine leicht säuerliche Note.*

Schwierigkeit: leicht
Zubereitung: 30 Minuten
Kühlzeit: 3 Stunden

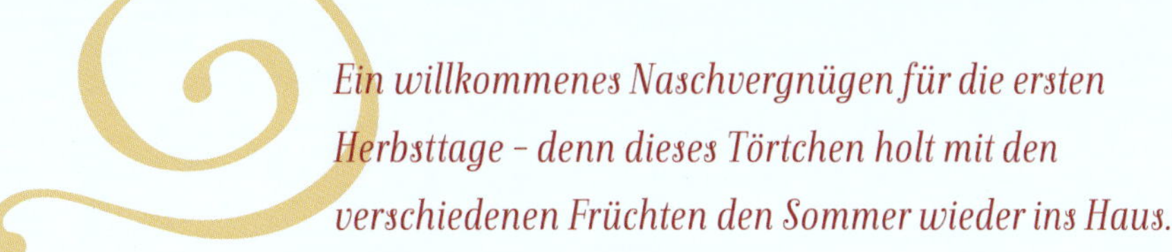

Ein willkommenes Naschvergnügen für die ersten Herbsttage – denn dieses Törtchen holt mit den verschiedenen Früchten den Sommer wieder ins Haus.

Rumtopf-Törtchen

Boden

- 70 g Butterkekse
- 40 g Butter
- 4 TL Mandelblättchen

Füllung

- ½ Päckchen Vanille-Puddingpulver
- 200 ml Milch
- 30 g Zucker
- 120 g Magerquark

Topping

- 4 EL Rumtopffrüchte

- 4 Dessertringe 7 cm Ø

1 Die Kekse in einen Gefrierbeutel geben und mit den Händen oder einem Nudelholz zerkleinern.

2 Die Butter in einem Topf schmelzen und mit den Bröseln und den Mandelblättchen vermischen. Die Masse auf die Dessertringe verteilen und mit dem Stempel festdrücken.

3 Den Pudding nach Packungsanleitung, aber nur mit 200 ml Milch und 30 g Zucker zubereiten. Mit Frischhaltefolie abdecken und abkühlen lassen, dann den Quark zugeben und glatt rühren.

4 Die Vanillecreme auf die Ringe verteilen und für 2 Stunden in den Kühlschrank stellen.

5 Den Ring mit einem langen, in heißes Wasser getauchten Messer lösen und vorsichtig abheben. Jedes Törtchen vor dem Servieren mit 1 Löffel Rumtopffrüchten übergießen.

♥ *Kindern können Sie das Törtchen mit einem leckeren Fruchtkompott statt der Rumfrüchte reichen.*

Schwierigkeit: leicht
Zubereitung: 30 Minuten
Kühlzeit: 2,5 Stunden

Kokos und Ananas – eine kleine exotische Verführung, die zur Urlaubsplanung einlädt.

Ananastraum

Boden

- 55 g Kokoszwieback
- 40 g Butter

Füllung

- 125 g Ananas aus der Dose
- 150 g Frischkäse
- 100 ml Kokosmilch
- 2 EL Puderzucker
- 1 EL Zitronensaft
- 1 Beutel (15 g) Gelatine-Fix (Dr. Oetker)

- 4 Dessertringe 6 cm Ø

1 Den Zwieback in einen Gefrierbeutel geben und mit der Hand oder einem Nudelholz vollständig zerbröseln.

2 Die Butter in einem Topf schmelzen und mit den Bröseln vermengen. Die Masse auf die Dessertringe verteilen und mit dem Stempel festdrücken.

3 Die Ananas pürieren, für die Dekoration 4 Stückchen zurückbehalten.

4 Frischkäse, Kokosmilch, Puderzucker und Zitronensaft mit dem Handrührgerät glatt rühren, Gelatine-Fix unter Rühren einrieseln lassen. Das Ananaspüree hinzugeben und kurz einrühren. Die Masse auf die Dessertringe verteilen und 3 Stunden in den Kühlschrank stellen.

5 Den Ring mit einem langen, in heißes Wasser getauchten Messer lösen und vorsichtig abheben. Die Törtchen mit kleinen Ananasstückchen servieren.

♥ *Ich verwende hier Ananas aus der Dose, weil frische Ananas zum Pürieren zu faserig ist.*

Schwierigkeit: leicht
Zubereitung: 30 Minuten
Kühlzeit: 3 Stunden

Carpe Diem –
Lassen Sie sich doch mal verführen!

Himbeerkrönchen

Boden

- 55 g Schokokekse
- 40 g Butter

Füllung

- 200 g Sahne
- 1 Beutel Sahnesteif
- 1 Päckchen Vanillezucker
- 50 g Himbeeren, TK oder frisch
- 100 g Mascarpone
- 1 TL Puderzucker

- 4 Dessertringe 6 cm Ø
- Spritzbeutel mit Tüllen

1 Die Kekse in einen Gefrierbeutel geben und mit der Hand oder einem Nudelholz zerkleinern. Die Butter in einem Topf schmelzen und mit den Bröseln vermischen. Die Masse auf die Dessertringe verteilen und mit dem Stempel festdrücken.

2 Die Sahne mit Sahnesteif und Vanillezucker schlagen. Die Sahne in einen Spritzbeutel mit Tülle füllen. Den Boden mit Sahnetupfen bedecken und mit kleinen Tupfern rundherum ein Mäuerchen spritzen.

3 Die Himbeeren leicht antauen lassen, mit der Gabel zerdrücken und mit Mascarpone und Puderzucker vermischen. Die Creme in einen Spritzbeutel mit großer Tülle füllen und in die Mitte der Törtchen spritzen. Die Törtchen für 1 Stunde in den Kühlschrank stellen.

4 Den Ring mit einem langen, in heißes Wasser getauchten Messer lösen und vorsichtig abheben.

♥ *Mit einem kleinen Löffel lässt sich der Rand nacharbeiten, sollte er nicht auf Anhieb gelingen.*

Schwierigkeit: leicht
Zubereitung: 40 Minuten
Kühlzeit: 1 Stunde

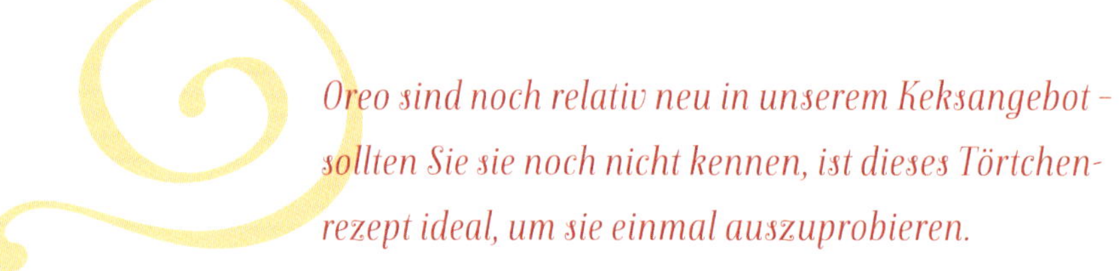

Oreo sind noch relativ neu in unserem Keksangebot – sollten Sie sie noch nicht kennen, ist dieses Törtchenrezept ideal, um sie einmal auszuprobieren.

Aprikosen-Oreo-Türmchen

Boden
- 60 g Oreo-Kekse
- 40 g Butter

Füllung
- 35 g Pinienkerne
- 80 g Mascarpone
- 80 g Magerquark
- 1 TL Puderzucker
- 1–2 Zuckeraprikosen
- 1 TL frische Pfefferminzblättchen

Dekoration
- 4 Minzzweige

- 4 Dessertringe 6 cm Ø

1 Die Oreo teilen, die Füllung abkratzen, die Kekse in einen Gefrierbeutel geben und mit den Händen oder einem Nudelholz fein zerbröseln. Die Butter in einem Topf schmelzen und mit den Bröseln vermischen. Die Bröselmasse auf die Ringe verteilen und mit dem Stempel festdrücken.

2 Die Pinienkerne in einer beschichteten Pfanne ohne Fett anrösten. 12 Pinienkerne zurückbehalten, die restlichen Kerne klein hacken.

3 Mascarpone und Quark glatt rühren, Puderzucker mit einrühren. Die Aprikose entsteinen, sehr klein schneiden und zur Creme hinzugeben. Die Pfefferminze ebenfalls sehr klein schneiden und untermischen. Die Creme auf die Dessertringe verteilen und für 3 Stunden in den Kühlschrank stellen.

4 Den Ring mit einem langen, in heißes Wasser getauchten Messer lösen und vorsichtig abheben. Die Türmchen mit den restlichen Pinienkernen und einem kleinen Zweig Minze dekorieren.

♥ *Zuckeraprikosen sind kleiner als klassische Aprikosen und reich an Geschmack.*

Schwierigkeit: leicht
Zubereitung: 40 Minuten
Kühlzeit: 3 Stunden

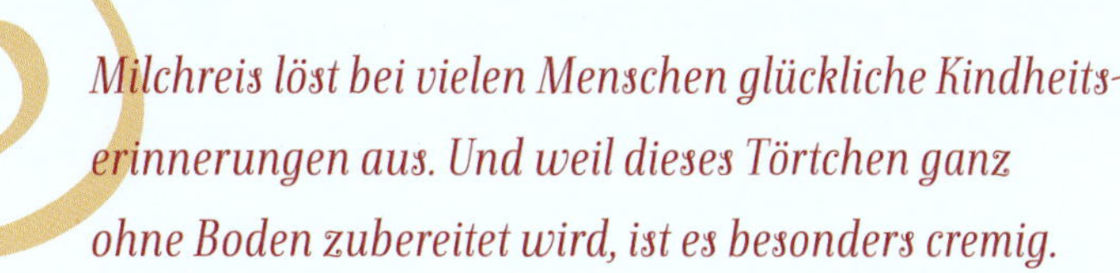

Milchreis löst bei vielen Menschen glückliche Kindheitserinnerungen aus. Und weil dieses Törtchen ganz ohne Boden zubereitet wird, ist es besonders cremig.

Exotische Milchreisfantasie

Füllung

- » 4 Stängel Zitronengras
- » 1 TL kandierter Ingwer
- » 250 g fertiger Milchreis

Dekoration

- » 1 Kiwi
- » 4 Erdbeeren
- » 1 Sternfrucht (Karambole)

- » 4 Dessertringe 7 cm Ø

1 Den weißen Teil des Zitronengrases sehr fein schneiden. Die Stängel zurückbehalten. Den kandierten Ingwer ebenfalls sehr fein schneiden und zusammen mit dem Zitronengras unter den Milchreis mischen.

2 Den Milchreis auf die Dessertringe verteilen und 1 Stunde in den Kühlschrank stellen.

3 Den Ring mit einem langen, in heißes Wasser getauchten Messer lösen und vorsichtig abheben.

4 Die Früchte in Scheiben schneiden, auf die Zitronengrasstängel auffädeln und die Törtchen damit dekorieren.

♥ *Für Schleckermäulchen können Sie die Früchte vor dem Auffädeln noch in flüssige Kuvertüre tauchen.*

Schwierigkeit: leicht
Zubereitung: 30 Minuten
Kühlzeit: 1 Stunde

Das leuchtende Gelb der Mango, dunkle Schokolade und weiße Sahne – dieses Törtchen ist ein kleines Kunstwerk.

Sahnig-zartes Mangodessert

Boden

- *70 g Butterkekse*
- *½ TL Haselnuss-Krokant*
- *4 TL Zartbitterschokolade, gerieben*
- *50 g Butter*

Füllung

- *250 g Sahne*
- *20 g Zucker*
- *1 Beutel (15 g) Gelatine-Fix (Dr. Oetker)*

Glasur

- *160 ml Mangofruchtsoße (siehe Tipp)*
- *1 EL Wodka*
- *1 Beutel (15 g) Gelatine-Fix (Dr. Oetker)*

Dekoration

- *Schokoraspel*

- *4 Dessertringe 7 cm Ø*

1 Die Kekse in einen Gefrierbeutel geben und mit der Hand oder einem Nudelholz fein zerbröseln. Krokant mit den Bröseln mischen. Die Schokolade zusammen mit der erwärmten und zerlassenen Butter mit den Bröseln vermischen.

2 Die Bröselmasse in die Dessertringe geben und mit dem Stempel festdrücken.

3 Die Sahne mit Zucker steif schlagen, Gelatine-Fix während des Schlagens mit einrieseln lassen. Die Creme auf die Dessertringe verteilen und im Kühlschrank vollständig erkalten lassen, das dauert ca. ½ Stunde.

4 Die Mangofruchtsoße mit Wodka verrühren, Gelatine-Fix unter Rühren einrieseln lassen.

5 Einen ca. 1 cm hohen Fruchtspiegel auf das Törtchen geben und ca. 3 Stunden im Kühlschrank fest werden lassen.

6 Den Ring mit einem langen, in heißes Wasser getauchten Messer lösen und vorsichtig abheben. Die Törtchen mit Schokoraspel dekorieren.

♥ *Sie können auch Mango aus der Dose abtropfen lassen und pürieren. Frische Mango ist oft zu faserig, um ein gutes Püree zu ergeben.*

Schwierigkeit: mittel
Zubereitung: 45 Minuten
Kühlzeit: 3,5 Stunden

Lisa
Annika

Ein samtig-weicher Geschmack für die Freunde des echten Klassikers Eierlikör.

Bananen-Eierlikör-Törtchen

Boden
- » *55 g Vollkornkekse*
- » *40 g Butter*

Füllung
- » *160 g Frischkäse mit Schokolade, zum Beispiel von Philadelphia*
- » *120 g Griechischer Joghurt*
- » *1 reife Banane*
- » *1 EL Zitronensaft*
- » *4 EL Eierlikör*
- » *1 Beutel (15 g) Gelatine-Fix (Dr. Oetker)*

Topping
- » *Eierlikör*

- » *4 Dessertringe 6 cm Ø*

1 Die Kekse in einen Gefrierbeutel geben und mit der Hand oder einem Nudelholz zerkleinern. Die Butter in einem Topf schmelzen und mit den Bröseln vermischen. Die Masse auf die Dessertringe verteilen und mit dem Stempel festdrücken.

2 Den Schokoladenfrischkäse mit dem Joghurt glatt rühren. Die Banane pürieren und mit Zitronensaft vermischen. Bananenpüree und Eierlikör unter die Frischkäsecreme rühren, zuletzt Gelatine-Fix unter Rühren einrieseln lassen.

3 Die Creme auf die Dessertringe verteilen und für 3 Stunden in den Kühlschrank stellen.

4 Den Ring mit einem langen, in heißes Wasser getauchten Messer lösen und vorsichtig abheben. Die Törtchen vor dem Servieren mit Eierlikör übergießen.

♥ *Verwenden Sie eine reife Banane für einen intensiveren Geschmack.*

Schwierigkeit: leicht
Zubereitung: 30 Minuten
Kühlzeit: 3 Stunden

Mohn und Pflaumenmus sind typische Zutaten der böhmischen Küche.

Böhmisches Törtchen

Boden
- » 55 g Butterkekse
- » 40 g Butter

Füllung
- » 100 g Marzipanrohmasse
- » 4 EL festes Pflaumenmus
- » 100 g Sahne
- » 100 g Mascarpone
- » 2 EL backfertiger gemahlener Mohn

Glasur
- » 2 EL Puderzucker
- » 1 TL Zitronensaft
- » ½ TL Pflaumenmus

- » 4 Dessertringe 6 cm Ø

1 Die Kekse in einen Gefrierbeutel geben und mit der Hand oder einem Nudelholz zerkleinern. Die Butter in einem Topf schmelzen und mit den Bröseln vermischen.

2 Die Bröselmasse in die Dessertringe füllen und mit dem Stempel festdrücken. Das Pflaumenmus auf den Böden verteilen.

3 60 g Marzipan zwischen Klarsichtfolie 2 mm dick ausrollen und 4 Scheiben à 6 cm Durchmesser ausstechen.

4 40 g Marzipan sehr klein hacken. Die Sahne steif schlagen. Mascarpone mit dem Marzipan vermengen und unter die Sahne rühren. Den Mohn untermischen und die Creme auf die Dessertringe verteilen, mit einem Marzipankreis belegen und für 3 Stunden in den Kühlschrank stellen.

5 Den Ring mit einem langen, in heißes Wasser getauchten Messer lösen und vorsichtig abheben.

6 Den Puderzucker mit Zitronensaft zu einer dickflüssigen Masse verrühren. Das Pflaumenmus unterrühren und die Glasur auf die Marzipanscheiben streichen.

♥ *Achten Sie darauf, dass Sie backfertigen gemahlenen Mohn verwenden. Naturbelassener Mohn eignet sich nicht.*

Schwierigkeit: mittel
Zubereitung: 40 Minuten
Kühlzeit: 3 Stunden

Schon vor 6000 Jahren wurde die Dattel im Irak kultiviert. Heute gibt es an die 1500 Sorten.

Amarettini-Mascarpone-Minis

Boden

» 70 g Amarettini-Kekse
» 35 g Butter
» 3 EL Amaretto-Likör

Füllung

» 150 g Mascarpone
» 2 TL Puderzucker
» 3 TL Amaretto

Dekoration

» 4 Datteln

» 4 Dessertringe 6 cm Ø
» Spritzbeutel mit Lochtülle

1 Die Amarettini in einen Gefrierbeutel geben und mit den Händen oder einem Nudelholz zerkleinern. Die Butter in einem Topf schmelzen und mit den Bröseln und dem Amaretto vermischen. Die Mischung auf 4 Dessertringe verteilen und mit dem Stempel festdrücken.

2 Mascarpone mit Puderzucker und Amaretto glatt rühren.

3 Die Datteln entkernen und mit einem Spritzbeutel mit Lochtülle etwas von der Mascarponecreme in das Innere der Datteln einfüllen.

4 Die restliche Mascarponecreme auf die Dessertringe verteilen und die Törtchen 1 Stunde in den Kühlschrank stellen.

5 Den Ring mit einem langen, in heißes Wasser getauchten Messer lösen und vorsichtig abheben. Die Törtchen mit den gefüllten Datteln servieren.

Schwierigkeit: einfach
Zubereitung: 30 Minuten
Kühlzeit: 1 Stunde

Paris überreichte Aphrodite den Granatapfel, weil sie die Schönste war. In vielen Regionen der Erde ist er das Symbol für Leben und Fruchtbarkeit.

Liebestörtchen

Boden
- » *55 g Löffelbiskuit*
- » *40 g Butter*

Füllung
- » *50 g Zartbitterschokolade*
- » *125 g Ricotta*
- » *1 Prise Salz*
- » *1 Messerspitze Piment*
- » *½ TL Bio-Orangenabrieb*
- » *1 TL Puderzucker*

Dekoration
- » *4 EL Granatapfelkerne*

- » *4 Dessertringe 6 cm Ø*

1 Die Löffelbiskuits in einen Gefrierbeutel geben und mit den Händen oder einem Nudelholz zerkleinern. Die Butter in einem Topf schmelzen und mit den Bröseln vermischen. Die Masse auf die Dessertringe verteilen und mit dem Stempel festdrücken.

2 Die Schokolade klein schneiden und über einem Wasserbad schmelzen.

3 Den Ricotta mit Salz, Piment, Orangenschalenabrieb und Puderzucker glatt rühren. Zuletzt die geschmolzenen Schokolade unterrühren und auf die Dessertringe verteilen. Für 3 Stunden in den Kühlschrank stellen.

4 Den Ring mit einem langen, in heißes Wasser getauchten Messer lösen und vorsichtig abheben. Die Törtchen mit jeweils 1 EL Granatapfelkernen bestreuen.

♥ *Verwöhnen Sie am Valentinstag Ihre Liebste mit einem Liebestörtchen – am besten auf einem Teller voller Rosenblütenblätter.*

Schwierigkeit: mittel
Zubereitung: 40 Minuten
Kühlzeit: 3 Stunden

Für kleine und große Vampire und gruselige Halloween-Partys.

Der kleine Vampir

Boden

- 80 g Schoko-Puffreis

Füllung

- 250 g Magerquark
- 80 ml Buttermilch
- 1 EL Zitronensaft
- 1 TL Zitronenabrieb
- 2 EL Puderzucker
- 1 Beutel (15 g) Gelatine-Fix (Dr. Oetker)

Dekoration

- 1 Päckchen roter Tortenguss
- 4 Brombeeren

- 4 Dessertringe 7 cm Ø

1 Den Puffreis zerbröseln und über einem Wasserbad die im Puffreis enthaltene Schokolade zum Schmelzen bringen.

2 Die Puffreis-Schoko-Mischung auf die Dessertringe verteilen und mit dem Stempel festdrücken.

3 Den Quark mit Buttermilch glatt rühren. Zitronensaft und Zitronenabrieb zusammen mit dem Puderzucker hinzugeben. Zuletzt Gelatine-Fix unter Rühren einrieseln lassen. Die Creme auf die Dessertringe verteilen und für 3 Stunden in den Kühlschrank stellen.

4 Anschließend den Ring mit einem langen, in heißes Wasser getauchten Messer lösen und vorsichtig abheben.

5 Den Tortenguss nach Packungsanleitung zubereiten, leicht erkalten lassen und 2–3 Esslöffel auf jedes Törtchen gießen und fest werden lassen.

6 Die Törtchen mit jeweils 1 Brombeere dekorieren.

Schwierigkeit: mittel
Zubereitung: 45 Minuten
Kühlzeit: 3 Stunden

Ihre Kinder besuchen einen Schwimmkurs?
Überraschen Sie sie mit diesem Seepferdchen-Törtchen.

Seepferdchen

Boden

- 70 g Butterkekse
- 50 g Butter

Füllung

- 200 g Crème fraîche
- 200 g Magerquark
- 1 Spritzer Zitronensaft
- 2 EL Puderzucker
- 2 Beutel (je 15 g) Gelatine-Fix

Dekoration

- 1 Päckchen klarer Tortenguss
- blaue Lebensmittelfarbe
- 1 Marzipandecke (Fertigprodukt, z. B. von Dr. Oetker)
- 1 EL Puderzucker
- 1 Spritzer Zitronensaft
- 4 Zuckerperlen

- 4 Dessertringe 7 cm Ø
- Ausstecher Seepferdchen

1 Die Kekse in einen Gefrierbeutel geben und mit den Händen oder einem Nudelholz zerkleinern. Die Butter in einem Topf schmelzen und mit den Bröseln vermengen. Die Masse auf die Dessertringe verteilen und mit dem Stempel festdrücken.

2 Crème fraîche und Quark mischen und glatt rühren. Zitronensaft und Puderzucker dazugeben, Gelatine-Fix unter Rühren einrieseln lassen. Die Creme auf die Ringe verteilen und für 1 Stunde im Kühlschrank fest werden lassen.

3 Den Tortenguss nach Packungsanleitung zubereiten und nach dem Erhitzen mit etwas blauer Lebensmittelfarbe vermischen. Eine dünne Tortenguss-Schicht auf die Törtchen aufbringen, die Törtchen erneut für 1 Stunde in den Kühlschrank stellen, um den Guss fest werden zu lassen.

4 Den Ring mit einem langen, in heißes Wasser getauchten Messer lösen und vorsichtig abheben.

5 Aus der Marzipandecke 4 Seepferdchen ausstechen. Puderzucker mit einem Spritzer Zitronensaft verrühren und die Seepferdchen damit bestreichen. Dem Seepferdchen eine Zuckerperle als Auge aufsetzen und vor dem Servieren auf das Törtchen legen.

♥ *Natürlich können Sie auch andere Figuren auf Ihr Törtchen legen.*

Schwierigkeit: mittel
Zubereitung: 40 Minuten
Kühlzeit: 2 Stunden

Blaue Lavendelfelder in der Provence, die einen sinnlichen Duft verströmen. Die mediterranen Blüten veredeln dieses Törtchen.

Lavendeltörtchen

Boden

- 60 g Oreo-Kekse
- 30 g Butter

Füllung

- 150 g Ziegenjoghurt
- 1 EL flüssigen Honig
- ½ Beutel Gelatine-Fix (Dr. Oetker, 7,5 g)
- frische Lavendelblüten
- 1 Päckchen klarer Tortenguss

- 4 Dessertringe 5 cm Ø

1 Die Oreo-Kekse teilen und die Creme abkratzen. Füllen Sie die Kekse in einen Gefrierbeutel und zerkleinern Sie sie mit der Hand oder einem Nudelholz. Die Butter in einem Topf schmelzen und mit den Bröseln vermischen. Die Masse auf die Dessertringe verteilen und mit dem Stempel festdrücken.

2 Den Joghurt mit Honig und Gelatine-Fix verrühren. Die Creme auf die Dessertringe verteilen und 1 Stunde im Kühlschrank fest werden lassen.

3 Die Lavendelblüten vom Stängel abzupfen und auf die Creme legen. Den Tortenguss nach Packungsanleitung zubereiten. Eine dünne Schicht Tortenguss auf die Törtchen geben und im Kühlschrank 2 Stunden fest werden lassen.

4 Den Ring mit einem langen, in heißes Wasser getauchten Messer lösen und vorsichtig abheben.

Schwierigkeit: leicht
Zubereitung: 30 Minuten
Kühlzeit: 3 Stunden

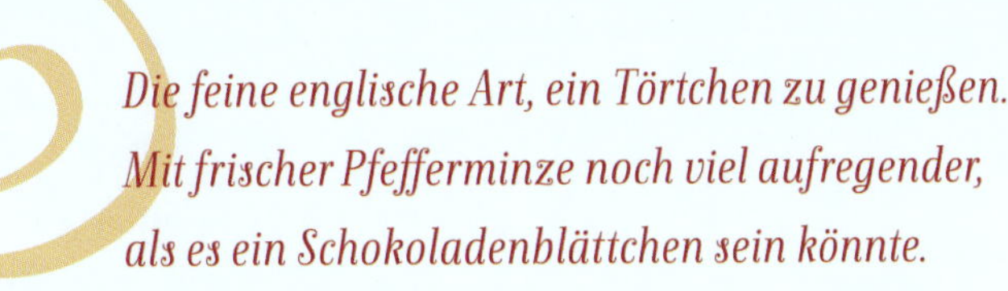

Die feine englische Art, ein Törtchen zu genießen. Mit frischer Pfefferminze noch viel aufregender, als es ein Schokoladenblättchen sein könnte.

Peppermint Kiss

Boden

- » *60 g Oreo-Kekse*
- » *40 g Butter*

Füllung

- » *140 g Magerquark*
- » *100 g Buttermilch*
- » *4 TL Puderzucker*
- » *2 TL Zitronensaft*
- » *2 TL frische Pfefferminzblätter, sehr fein gehackt*
- » *1 Beutel (15 g) Gelatine-Fix (Dr. Oetker)*

Dekoration

- » *4 After Eight*

- » *4 Dessertringe 5 cm Ø*

1 Die Kekse teilen und die Creme entfernen. Die Kekse in einen Gefrierbeutel geben und mit den Händen oder einem Nudelholz zerkleinern. Die Butter in einem Topf schmelzen und mit den Bröseln vermischen. Die Bröselmasse auf die Dessertringe verteilen und mit dem Stempel festdrücken.

2 Quark und Buttermilch mischen und glatt verrühren. Puderzucker, Zitronensaft und gehackte Pfefferminze unterrühren, zuletzt Gelatine-Fix unter Rühren einrieseln lassen. Die Creme auf die Dessertringe verteilen und für 3 Stunden in den Kühlschrank stellen.

3 Den Ring mit einem langen, in heißes Wasser getauchten Messer lösen und vorsichtig abheben. Vor dem Servieren jeweils ein Blättchen After Eight auf die Törtchen legen.

Schwierigkeit: leicht
Zubereitung: 30 Minuten
Kühlzeit: 3 Stunden

Kleine Prinzessinnentörtchen – natürlich in rosa.
Damit können sich auch große Mädels verwöhnen.

Prinzessinnentörtchen

Boden
- » 55 g Butterkekse
- » 40 g Butter

Füllung
- » 150 g Frischkäse
- » 80 g Joghurt
- » 2 EL Zitronensaft
- » 80 g Himbeeren, TK oder frisch
- » 25 g Zucker
- » 1 Beutel (15 g) Gelatine-Fix (Dr. Oetker)

Dekoration
- » Dekorzucker

- » 4 Dessertringe 6 cm Ø

1 Die Kekse in einen Gefrierbeutel geben und mit einem Nudelholz fein zerbröseln. Die Butter in einem Topf schmelzen und mit den Bröseln vermischen. Die Masse auf die Ringe verteilen und mit dem Stempel festdrücken.

2 Den Frischkäse mit Joghurt und Zitronensaft glatt rühren. Die Himbeeren pürieren und zusammen mit dem Zucker mit dem Frischkäse verrühren, Gelatine-Fix unter Rühren einrieseln lassen.

3 Die Himbeercreme in die Dessertringe geben und für mindestens 4 Stunden in den Kühlschrank stellen.

4 Die Törtchen vorsichtig aus den Dessertringen lösen und kurz vor dem Servieren mit Dekorzucker bestreuen.

♥ *In gut sortierten Supermärkten gibt es Dekorzucker in Rosatönen. Damit sieht das Törtchen noch zarter aus.*

Schwierigkeit: leicht
Zubereitung: 30 Minuten
Kühlzeit: 4 Stunden

Ein Schokoladentraum im Kleinformat – dazu kann doch keiner Nein sagen!

Schokocremetörtchen

Boden
- » 60 g Oreo-Kekse
- » 40 g Butter

Füllung
- » 80 g Sahne
- » 80 g Zartbitterschokolade

Dekoration
- » 4 Walnusshälften
- » 2 EL Honig
- » 1 Zweig Thymian

- » 4 Dessertringe 6 cm Ø

Schwierigkeit: mittel
Zubereitung: 40 Minuten
Kühlzeit: 3 Stunden

1 Die Oreo teilen und die Creme entfernen. Die Kekse in einen Gefrierbeutel geben und mit den Händen oder einem Nudelholz zerbröseln. Die Butter in einem Topf schmelzen und mit den Bröseln vermengen. Die Masse auf die Dessertringe verteilen und mit dem Stempel festdrücken.

2 Die Sahne steif schlagen. Die Schokolade über dem Wasserbad schmelzen und unter die Sahne heben. Die Schokosahne in die Dessertringe füllen und für 3 Stunden in den Kühlschrank stellen.

3 Den Ring mit einem langen, in heißes Wasser getauchten Messer lösen und vorsichtig abheben.

4 Den Honig in einer Pfanne erwärmen, die Walnusshälften kurz dazugeben, umrühren, dann erkalten lassen und auf die Törtchen setzen. Den Thymian vom Zweig abzupfen und auf die Törtchen streuen.

♥ *Satt Walnuss und Thymian können Sie auch eine Physalis verwenden, um dem Törtchen eine frische Note zu verleihen.*

Mit Frühlingsblüten verziert, ist dies das passende Törtchen zur Waldmeisterbowle.

Waldmeistertörtchen

Boden
- » *50 g Butterkekse*
- » *30 g Butter*

Füllung
- » *1 Päckchen Waldmeister Götterspeise*
- » *80 g saure Sahne*
- » *1 TL Zitronensaft*

- » *4 Dessertringe 5 cm Ø*

Schwierigkeit: mittel
Zubereitung: 30 Minuten
Kühlzeit: 2,5 Stunden

1 Die Kekse in einen Gefrierbeutel geben und mit den Händen oder einem Nudelholz zerkleinern. Die Butter in einem Topf schmelzen und mit den Bröseln vermischen. Die Bröselmasse auf die Dessertringe verteilen und mit dem Stempel sehr sorgfältig festdrücken (siehe Tipp).

2 Die Götterspeise nach Packungsangabe, jedoch mit 400 ml Flüssigkeit zubereiten. Eine ca. 2 cm hohe Schicht in die Dessertringe gießen und fest werden lassen. 2 EL Götterspeise für die Creme zurückbehalten, die restliche Götterspeise in einer mit kaltem Wasser ausgespülten Form (ca. 10 x 10 cm) im Kühlschrank erstarren lassen.

3 Die saure Sahne mit 2 EL Götterspeise und Zitronensaft mischen und glatt rühren. Wenn die Götterspeise fest ist, die Creme auf die Dessertringe verteilen und für 2 Stunden im Kühlschrank fest werden lassen.

4 Den Ring mit einem langen, in heißes Wasser getauchten Messer lösen und vorsichtig abheben. Aus der restlichen in einer Form befindlichen Götterspeise Würfelchen schneiden und die Törtchen damit verzieren.

♥ *Das Dessert auf einen geraden Untergrund stellen und die Bröselmasse sehr sorgfältig einfüllen und festdrücken, damit die flüssige Götterspeise nicht herausfließen kann.*

Vico Torriani hat die italienische Lebensart in den 50er- und 60er-Jahren nach Deutschland gebracht. Seitdem gehört Tiramisu auch bei uns zu den Lieblingsdesserts.

Tiramisu

Boden

» *100 g Löffelbiskuit*
» *40 g Butter*

Füllung

» *1 Ei, Größe S*
» *30 g Zucker*
» *70 g Sahne*
» *½ Päckchen Sahnesteif*
» *150 g Mascarpone*
» *1 Tasse Espresso (50 ml)*
» *1 EL Walnusslikör, zum Beispiel Nocino (alternativ Amaretto)*

Dekoration

» *Kakaopulver*

» *4 Dessertringe 5 cm Ø*

Schwierigkeit: mittel
Zubereitung: 40 Minuten
Kühlzeit: 2 Stunden

1 Die Löffelbiskuits in einen Gefrierbeutel geben und mit der Hand oder einem Nudelholz vollständig zerkleinern. Die Butter in einem Topf schmelzen. 75 g der Brösel mit der Butter vermengen. Die Bröselmasse auf die Ringe verteilen und mit dem Stempel festdrücken.

2 Das Ei mit dem Zucker über einem Wasserbad zuerst warm schlagen (max. 40 °C), anschließend den Topf vom Herd nehmen und die Eimasse weitere 5 bis 10 Minuten kalt schlagen, bis eine cremige Masse entstanden ist.

3 Die Sahne mit Sahnesteif steif schlagen. Mascarpone mit etwas Sahne glatt rühren, die restliche Sahne einrühren, anschließend die Eiercreme vorsichtig unterheben.

4 Espresso und Nusslikör vermengen. Die Böden mit ca. der Hälfte davon beträufeln.

5 Ca. ⅔ der Creme auf die Dessertringe verteilen. Die übrigen Brösel auf die Cremeschicht geben und mit dem restlichen Espresso beträufeln. Dann die verbliebene Creme einfüllen. Die Törtchen für ca. 2 Stunden in den Kühlschrank stellen.

6 Den Ring mit einem langen, in heißes Wasser getauchten Messer lösen und vorsichtig abheben. Die Törtchen vor dem Servieren mit Kakao bestäuben.

♥ *Wegen der Verwendung von rohem Ei muss das Tiramisutörtchen kühl gelagert und noch am Tag der Zubereitung verzehrt werden.*

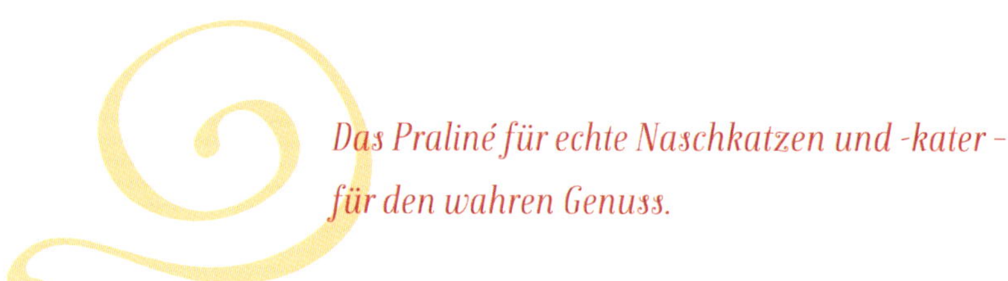

Das Praliné für echte Naschkatzen und -kater – für den wahren Genuss.

Weißes Pralinentörtchen

Boden
- 50 g Vollkornkekse
- 30 g Butter

Füllung
- 80 g weiße Schokolade
- 40 g Sahne

Dekoration
- 4 Stückchen Chilischokolade

- *4 Dessertringe 4 cm Ø*

1 Die Kekse in einen Gefrierbeutel geben und mit den Händen oder einem Nudelholz zerkleinern. Die Butter in einem Topf schmelzen und mit den Bröseln vermischen. Die Bröselmasse auf die Dessertringe verteilen und mit dem Stempel festdrücken.

2 Die Schokolade klein hacken. Die Sahne erhitzen. Die Schokolade in die Sahne geben, darin schmelzen lassen und zu einer glatten Masse verrühren. Die Creme auf die Dessertringe verteilen und für 3 Stunden in den Kühlschrank stellen.

3 Den Ring mit einem langen, in heißes Wasser getauchten Messer lösen und vorsichtig abheben.

4 Aus der Chilischokolade Dreiecke ausbrechen und die Törtchen damit dekorieren.

♥ *Das Schokotürmchen schmeckt am besten mit einem heißen starken Espresso. Verwenden Sie für den vollkommenen Genuss unbedingt hochwertige Schokolade.*

Schwierigkeit: mittel
Zubereitung: 30 Minuten
Kühlzeit: 3 Stunden

Die feinen Gewürze des Orients vereinen sich mit der fruchtigen Birne und lassen Bilder aus 1001 Nacht auferstehen.

Gewürztes Mokkatörtchen

Boden

- » 70 g Amarettini-Kekse
- » 35 g Butter

Füllung

- » 100 g Mascarpone
- » 2 TL Milch
- » 1 TL Puderzucker
- » 1 Birne
- » 200 ml Espresso
- » 3 Kapseln Kardamom
- » 1 Zimtstange
- » 1 Gewürznelke
- » 1 EL Zucker
- » 1 Beutel (15 g) Gelatine-Fix (Dr. Oetker)

- » 4 Dessertringe 6 cm Ø

Schwierigkeit: mittel
Zubereitung: 45 Minuten
Kühlzeit: 3 Stunden

1 Die Amarettini in einen Gefrierbeutel geben und mit der Hand oder einem Nudelholz sehr fein zerkleinern. Die Butter in einem Topf schmelzen und mit den Bröseln vermischen. Die Masse auf die Dessertringe verteilen und mit dem Stempel festdrücken.

2 Mascarpone mit Milch und Puderzucker glatt rühren. Die Creme auf die Dessertringe verteilen und für 2 Stunden in den Kühlschrank stellen.

3 Die Birne schälen und halbieren. Den Espresso mit Kardamom, Zimtstange, Gewürznelke und Zucker aufkochen. Die Birne im heißen Sud ca. 10 Minuten ziehen lassen, herausnehmen, abkühlen lassen und der Breite nach in sehr schmale Scheiben schneiden.

4 8 Scheibchen der Birne zurückbehalten. Die restlichen Scheiben auf die Mascarponecreme legen und die Törtchen erneut ca. 1 Stunde in den Kühlschrank stellen.

5 Den Espresso-Sud durch ein Sieb gießen und 250 ml auffangen. Mit Gelatine-Fix verrühren und auf die Törtchen geben, im Kühlschrank fest werden lassen.

6 Den Ring mit einem langen, in heißes Wasser getauchten Messer lösen und vorsichtig abheben. Die restlichen Birnenscheibchen vor dem Servieren auf den Törtchen verteilen.

♥ *Anstelle der Birnenscheiben können Sie die Törtchen auch mit einer Schoko-Mokkabohne dekorieren.*

Marzipan ist für seine Fans nicht nur in der kühleren Jahreszeit eine willkommene Sinnesfreude.

Festliches Marzipantörtchen

Boden
- » 70 g Löffelbiskuit
- » 50 g Butter
- » 1 EL Pistazienkerne, gehackt

Füllung
- » 150 g Marzipanrohmasse
- » 1 TL Kakaopulver
- » 120 g Mascarpone
- » 1 Tasse starken Espresso (50 ml)
- » 1 TL Puderzucker
- » 100 g Sahne
- » 1 Päckchen Sahnesteif

- » 4 Dessertringe 7 cm Ø

Schwierigkeit: mittel
Zubereitung: 45 Minuten
Kühlzeit: 3 Stunden

1 Das Marzipan für die Füllung zwischen Klarsichtfolie 2 mm dick ausrollen und mit dem Dessertring 8 Scheiben ausstechen. Das restliche Marzipan mit dem Kakao verkneten, erneut ausrollen und 4 Scheiben ausstechen.

2 Die Löffelbiskuits in einen Gefrierbeutel geben und mit den Händen oder einem Nudelholz zerkleinern. Die Butter in einem Topf schmelzen und mit den Pistazien und den Bröseln vermischen. Die Masse auf die Dessertringe verteilen und mit dem Stempel festdrücken.

3 Jeden Boden mit einer hellen Scheibe Marzipan belegen und sie leicht festdrücken.

4 Mascarpone mit 3 EL erkaltetem Espresso und Puderzucker vermischen. Die Creme auf die Törtchen verteilen und mit einer hellen Marzipanscheibe bedecken.

5 Die Sahne mit Sahnesteif steif schlagen und in die Dessertringe füllen. Die dunkle Marzipanscheibe aufsetzen und die Törtchen für 3 Stunden in den Kühlschrank stellen.

6 Den Ring mit einem langen, in heißes Wasser getauchten Messer lösen und vorsichtig abheben.

♥ *In der Weihnachtszeit können Sie das Törtchen mit einem Marzipanstern belegen. Dazu Sterne ausstechen und mit einem Zuckerguss aus Puderzucker und etwas Wasser glasieren. Den Stern mit einem Tupfer vom Guss auf den Törtchen befestigen. Besonders festlich sieht es aus, wenn man noch kleine Flitter aus essbarem Goldpapier auf die Törtchen streut.*

Das leckere Dessert mit den vielen Aromen ist nicht nur ein Augenschmaus.

Nougattörtchen

Boden

- » *55 g Zwieback*
- » *30 g Butter*
- » *1 EL Kokosflocken*

Füllung

- » *120 g Schmand*
- » *40 g Magerquark*
- » *3 EL Mangofruchtsoße (siehe Tipp)*
- » *1 Beutel (15 g) Gelatine-Fix (Dr. Oetker)*

Topping

- » *80 g Nougat*
- » *80 g Schmand*

- » *4 Dessertringe 6 cm Ø*

1 Den Zwieback in einen Gefrierbeutel geben und mit den Händen oder einem Nudelholz zerkleinern. Die Butter in einem Topf schmelzen und mit den Kokosflocken und den Bröseln vermischen. Die Masse auf die Dessertringe verteilen und mit dem Stempel festdrücken.

2 Den Schmand mit Quark glatt rühren. Mit der Mangofruchtsoße vermischen und Gelatine-Fix unter Rühren langsam einrieseln lassen. Die Creme auf die Dessertringe verteilen.

3 Für das Topping Nougat über dem Wasserbad erhitzen, mit dem Schmand vermengen und in die Dessertringe geben, wobei eine leicht unebene Struktur entstehen soll. Die Törtchen für 3 Stunden in den Kühlschrank stellen.

4 Den Ring mit einem langen, in heißes Wasser getauchten Messer lösen und vorsichtig abheben.

♥ *Sie können auch 100 g Mango aus der Dose abtropfen lassen und pürieren, frische Mango sind oft zu faserig, um ein gutes Püree zu geben.*

Schwierigkeit: mittel
Zubereitung: 40 Minuten
Kühlzeit: 3 Stunden

Ob Sie mit einer Vespa durch italienische Gassen fahren oder am Baggersee chillen. Das Kultgetränk Aperol Spritz begegnet Ihnen überall, und jetzt auch in Törtchenform.

Aperol sweet

Boden

» 55 g Löffelbiskuit
» 40 g Butter

Füllung

» 140 g Frischkäse
» 100 g Joghurt
» 3 EL Puderzucker
» 1 EL Zitronensaft
» 4 EL Orangensaft
» 8 EL Aperol
» 1 Beutel (15 g) Gelatine-Fix (Dr. Oetker)

Dekoration

» 4 EL Preiselbeermarmelade

» 4 Dessertringe 6 cm Ø

1 Die Löffelbiskuits in einen Gefrierbeutel füllen und mit den Händen oder einem Nudelholz fein zerbröseln. Die Butter in einem Topf schmelzen und mit den Bröseln vermengen. Die Bröselmasse auf die Dessertringe verteilen und mit dem Stempel festdrücken.

2 Frischkäse und Joghurt mischen und glatt rühren. Die übrigen Zutaten unterrühren. Zuletzt Gelatine-Fix unter Rühren einrieseln lassen. Die Creme auf die Dessertringe verteilen und für 3 Stunden in den Kühlschrank stellen.

3 Den Ring mit einem langen, in heißes Wasser getauchten Messer lösen und vorsichtig abheben. Vor dem Servieren die Preiselbeermarmelade auf den Törtchen verstreichen.

Schwierigkeit: leicht
Zubereitung: 25 Minuten
Kühlzeit: 3 Stunden

Calvados ist ein bernsteinfarbener Branntwein aus der Normandie. Dieses Apfeltörtchen und ein Gläschen Calvados passen besonders gut in den Herbst.

Calvados-Apfel-Törtchen

Boden
- 55 g Löffelbiskuit
- 40 g Butter

Füllung
- 75 g Mascarpone
- 75 g Magerquark
- 75 g Sahne
- 1 Spritzer Zitronensaft
- 2 EL Apfelmus
- 2 EL Calvados
- 25 g Zucker
- 1 Beutel (15 g) Gelatine-Fix (Dr. Oetker)

Dekoration
- 4 EL Mandelsplitter

- 4 Dessertringe 6 cm Ø

1 Die Löffelbiskuits in einen Gefrierbeutel geben und mit der Hand oder mit einem Nudelholz zerkleinern. Die Butter in einem Topf schmelzen und mit den Bröseln vermischen. Auf die Dessertringe verteilen und mit dem Stempel festdrücken.

2 Mascarpone und Quark mischen und glatt rühren. Die Sahne steif schlagen und mit der Mascarponecreme vermengen. Zitronensaft, Apfelmus, Calvados und Zucker unter die Creme rühren, zuletzt Gelatine-Fix einrühren.

3 Die Masse auf die Dessertringe verteilen und für 3 Stunden in den Kühlschrank stellen.

4 Anschließend den Ring mit einem langen, in heißes Wasser getauchten Messer lösen und vorsichtig abheben.

5 Die Mandelsplitter ohne Fett in der Pfanne rösten und die Törtchen damit dekorieren.

♥ *Dekorieren Sie Ihre Tafel herbstlich mit frischen Äpfeln.*

Schwierigkeit: leicht
Zubereitung: 35 Minuten
Kühlzeit: 3 Stunden

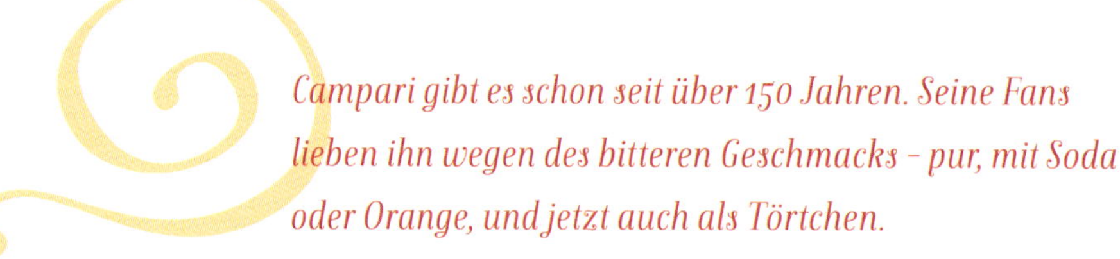

Campari gibt es schon seit über 150 Jahren. Seine Fans lieben ihn wegen des bitteren Geschmacks – pur, mit Soda oder Orange, und jetzt auch als Törtchen.

Campari Orange

Boden
- 55 g Löffelbiskuit
- 40 g Butter

Füllung
- 200 g saure Sahne
- 2 EL Puderzucker
- 1 Beutel (15 g) Gelatine-Fix (Dr. Oetker)

Dekoration
- ½ Päckchen klarer Tortenguss
- 50 ml Campari
- 1 Bio-Orange

- 4 Dessertringe 6 cm Ø

Schwierigkeit: mittel
Zubereitung: 40 Minuten
Kühlzeit: 2 Stunden

1 Die Löffelbiskuits in einen Gefrierbeutel geben und mit den Händen oder einem Nudelholz zerkleinern. Die Butter in einem Topf schmelzen und mit den Bröseln vermischen. Die Bröselmasse auf die Dessertringe verteilen und mit dem Stempel festdrücken.

2 Die saure Sahne mit Puderzucker mischen und glatt rühren, Gelatine-Fix unter Rühren einrieseln lassen. Die Creme auf die Dessertringe verteilen.

3 Den Tortenguss nach Packungsanleitung zubereiten, dabei 50 ml der angegebenen Flüssigkeitsmenge durch Campari ersetzen.

4 Mit einem Sparschäler die Orange kreisförmig dünn abschälen (es soll keine weiße Haut mehr an der Schale haften), die Schalenstreifen sollte ca. ½ cm breit sein. Die Orangenschalen spiralförmig auf die Creme legen.

5 Den Schalenstreifen mit Tortenguss auffüllen und das Törtchen für 2 Stunden in den Kühlschrank stellen.

6 Anschließend den Ring mit einem langen, in heißes Wasser getauchten Messer lösen und vorsichtig abheben.

♥ *Denken Sie daran, auch Bio-Früchte müssen gut gewaschen werden, bevor man die Schale verwendet.*

Ein herrliches Sommerdessert, das sich hervorragend mit einem spritzigen Hugo kombinieren lässt.

Hugo's Friend

Boden
- *55 g Löffelbiskuit*
- *40 g Butter*
- *2 TL weiße Schokolade, klein gehackt*

Füllung
- *120 g Schmand*
- *40 ml Holunderblütensirup*
- *½ Beutel Gelatine-Fix (Dr. Oetker, 7,5 g)*

Dekoration
- *1 Beutel klarer Tortenguss*
- *50 ml Holunderblütensirup*
- *1 Dolde Holunderblüten*

- *4 Dessertringe 6 cm Ø*

Schwierigkeit: mittel
Zubereitung: 40 Minuten
Kühlzeit: 3 Stunden

1 Die Löffelbiskuits in einen Gefrierbeutel geben und mit den Händen oder einem Nudelholz zerkleinern. Die Butter in einem Topf schmelzen und zusammen mit der Schokolade mit den Bröseln vermischen. Die Bröselmasse auf die Dessertringe verteilen und mit dem Stempel festdrücken.

2 Schmand mit Holundersirup glatt rühren, Gelatine-Fix unter Rühren einrieseln lassen. Die Creme auf die Dessertringe verteilen.

3 Den Tortenguss nach Packungsanleitung zubereiten, aber 50 ml der angegebenen Wassermenge durch Holundersirup ersetzen.

4 Die Holunderblüten waschen, vorsichtig trocken tupfen, auf die Creme setzen und dünn mit dem etwas abgekühlten Tortenguss übergießen. Die Blüten sollen vom Tortenguss umschlossen sein. Die Törtchen sofort für 3 Stunden in den Kühlschrank stellen.

5 Den Ring mit einem langen, in heißes Wasser getauchten Messer lösen und vorsichtig abheben.

♥ *Frische Holunderblüten finden Sie in den Monaten Juni und Juli. Als Alternative können Sie auch andere weiße, zarte, essbare Blüten wie beispielsweise Schafgarbe verwenden.*

Wenn ich Zitronen- oder Orangenplätzchen bekommen kann, nehme ich die für dieses fruchtig-herbe Törtchen.

Orange Cointreau

Boden

- 55 g Löffelbiskuit
- 40 g Butter
- 4 EL weiße Schokolade, geraspelt

Füllung

- 150 g Mascarpone
- 100 g Joghurt
- 1 EL Puderzucker
- ½ TL Orangenschale oder -abrieb
- 4 EL Cointreau
- 1 Beutel (15 g) Gelatine-Fix (Dr. Oetker)

Dekoration

- 1 EL kandierte Orangenschale (siehe Tipp)

- 4 Dessertringe 6 cm Ø

1 Die Löffelbiskuits in einen Gefrierbeutel füllen und mit der Hand oder einem Nudelholz zerkleinern. Die Butter in einem Topf schmelzen und mit den Bröseln und der Schokolade vermengen. Die Masse auf die Dessertringe verteilen und mit dem Stempel festdrücken.

2 Mascarpone mit Joghurt mischen und glatt rühren. Puderzucker, klein geschnittene Orangenschale und Cointreau einrühren, zuletzt Gelatine-Fix unter Rühren einrieseln lassen. Die Creme auf die Dessertringe verteilen und für 3 Stunden in den Kühlschrank stellen.

3 Den Ring mit einem langen, in heißes Wasser getauchten Messer lösen und vorsichtig abheben. Die Törtchen vor dem Servieren mit kandierter Orangenschale garnieren.

♥ *Kandierte Orangenschalen lassen sich einfach selbst herstellen. Die Schale von 2 Bio-Orangen dick mit der weißen Haut abschälen, in kleine Streifen schneiden und 3-mal in kaltem Wasser aufsetzen und je 2 Minuten köcheln lassen – das entzieht die Bitterstoffe. Danach 250 ml Wasser mit 250 g Zucker, Mark ½ Vanilleschote, 1 Prise Kardamom und 1 TL Ingwerpulver aufkochen, den Zucker lösen und die Schalen hineingeben. Bei niedriger Hitze 2 Stunden köcheln lassen, abtropfen und über Nacht auf einem mit Backpapier ausgelegten Backblech trocknen lassen. In Feinstzucker wälzen und luftdicht verschließen, so halten sie ca. 1 Monat.*

Schwierigkeit: leicht
Zubereitung: 40 Minuten
Kühlzeit: 3 Stunden

Eierlikör begeistert! Früher wurde er als Likörchen gereicht, heute „on the rocks“ oder als Törtchen.

Eierlikör-Busserl

Boden

» 55 g Vollkornkekse
» 40 g Butter
» 4 EL dunkle Schokolade, 60% Kakaoanteil, geraspelt

Füllung

» 150 g Frischkäse
» 100 g Joghurt
» 30 ml Eierlikör
» 1 Prise Salz
» 1 Beutel (15 g) Gelatine-Fix (Dr. Oetker)
» 25 g Zucker

Dekoration

» 1 Beutel Schokoladenglasur

» 4 Dessertringe 6 cm Ø

1 Die Kekse in einen Gefrierbeutel füllen und mit den Händen oder einem Nudelholz vollständig zerkleinern. Die Butter in einem Topf schmelzen. Brösel, Butter und Schokoladenraspel vermengen, auf die Dessertringe verteilen und mit dem Stempel festdrücken.

2 Frischkäse, Joghurt, Eierlikör und Salz mit einem Handrührgerät vermischen, Gelatine-Fix und Zucker unter Rühren einrieseln lassen.

3 Die Creme auf die Dessertringe verteilen und für 3 Stunden in den Kühlschrank stellen.

4 In der Zwischenzeit die Schokoladenglasur im Beutel in einem Wasserbad erhitzen. Eine kleine Öffnung in den Beutel schneiden und 4 kleine Herzen auf ein Backpapier gießen und erkalten lassen.

5 Den Ring mit einem langen, in heißes Wasser getauchten Messer lösen und vorsichtig abheben. Die Törtchen vor dem Servieren mit den Schokoherzen verzieren.

♥ *Die Schokoladenfigürchen selbst zu gießen, verlangt etwas Geschick und Übung. In Fachgeschäften können Sie sie fertig kaufen.*

Schwierigkeit: leicht
Zubereitung: 30 Minuten
Kühlzeit: 3 Stunden

… das Wichtigste zum Schluss

Minikleine Naschtörtchen sind mir und meinen Freunden ans Herz gewachsen – immer wieder werde ich gefragt, wann es denn endlich wieder etwas zu probieren gibt …

Törtchen zu entwickeln macht großen Spaß. Noch viel mehr Spaß macht es aber, wenn Freunde mit leuchtenden Augen die kleinen Kunstwerke probieren, manchmal auch kritisieren, in jedem Fall aber mit Herz und Verstand mithelfen, aus einer Ideen kleine Kunstwerke entstehen zu lassen, die Ihnen hoffentlich genauso viel Freude machen, wie sie uns gebracht haben.

Gedankt sei deshalb allen engagierten Kostern und Ratgebern. Mein herzlicher Dank gilt dem Fotografen Andreas Ketterer und der Foodstylistin Evelyn Layher, die meine Rezepte auf wunderschöne Art für Sie lebendig werden ließen.

Von ganzem Herzen aber danke ich Rita Seitz, die mit Liebe, Enthusiasmus, Phantasie und manchmal auch Geduld meine Backabenteuer begleitet hat.

Rezeptverzeichnis nach Kapiteln

Luftige Biskuittörtchen

Schlemmereien auf Keksboden

Fruchtiges Naschvergnügen

Lieblingstörtchen

Grüße aus der Cocktailbar

Alphabetisches Rezeptverzeichnis

Impressum

ISBN: 978-3-8094-3966-0

5. Auflage 2025

Umschlaggestaltung: Atelier Versen, Bad Aibling
Bildredaktion: Sabine Kestler
Herstellung: Elke Cramer
Projektleitung: Anja Halveland
Fotografie und Foodstyling: Andreas Ketterer, Evelyn Layher
www.ketterer-layher-foodphoto.de
Layout: Katharina Schweissguth, Visuelle Kommunikation, München

Satz: kreativsatz, Baldham
Reproduktion: Regg Media GmbH, München
Druck und Verarbeitung: Firmengruppe APPL, Wemding

Printed in Germany

Penguin Random House Verlagsgruppe FSC ®N001967

Benjamin Pluppins, Theres Pluppins

Unsere besten Waffeln

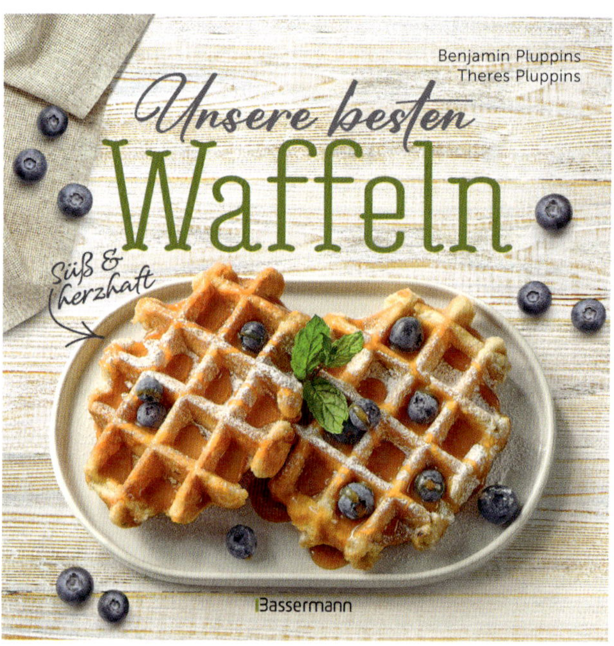

Hardcover, 80 Seiten,
ISBN 978-3-8094-4958-4

Schon der Duft bringt die Menschen zum Lächeln. Jeder kennt sie, jeder liebt sie und wirklich jeder freut sich, wenn er so leckere Waffeln mit tollen Saucen, Dips und Toppings serviert bekommt.
In diesem Buch gibt es süße und pikante Rezepte für die klassische Herz- und die Belgische (Brüsseler) Waffel.
Mit Ideen für glutenfreie und Low-Carb-Waffeln.

Stéphanie Bulteau

Leckere Eiscreme mit nur 4 Zutaten

Hardcover, 80 Seiten,
ISBN 978-3-8094-4930-0

Mit einfachen und schnellen Rezepten, die ganz ohne Eismaschine auskommen, können köstliche und originelle Eissorten kreiert werden. Ob cremiges Schokoladeneis, veganes Fruchteis oder kalorienarmer Frozen Yoghurt - mit nur 4 Zutaten und ohne aufwendige Techniken gelingt jedes Rezept spielend leicht.